Alana Fairchild

ORACLE DE KUAN YIN

Bénédictions, conseils et révélations du Féminin Divin

Deuxième Édition

ÉDITIONS
EXERGUE

Titre original : *Kuan Yin Oracle*

Traduit de l'anglais par Marie-Noëlle Antolin

27, rue des Grands-Augustins - 75006 - Paris.

ISBN : 978-2-3618-8105-4

www.editions-tredaniel.com
info@guytredaniel.fr

Imprimé en Chine

Om Kuan Chi Yin Poosa !
Om Mani Padme Hum !

SOMMAIRE

KUAN YIN est la Mère de Compassion. Elle nous guide vers l'illumination, qui consiste à vivre dans l'harmonie et l'unité de l'Amour qui est et en nous abandonnant à cet Amour. L'illumination n'est pas un objectif spirituel éloigné, mais quelque chose que nous choisissons de vivre à tout moment, en privilégiant l'amour, la douceur, la compassion et la sagesse au lieu de la peur, du jugement, de la colère et de la séparation de la Source, de ce Féminin Divin qui cherche à nous offrir les moyens d'épanouir la totalité de notre être.

Vous êtes une Âme magnifique et vous avez le pouvoir de co-créer une vie merveilleuse par laquelle vous pouvez briller de tous vos feux et éclairer les autres pour leur montrer la voie de l'amour capable de remplacer la peur. Vous pouvez devenir une source de grande lumière, de guérison et de sagesse sur Terre si vous le choisissez. Vous êtes en possession de cet oracle parce que vous êtes prêt. Prêt à grandir spirituellement, à devenir un accompagnant éclairé de l'évolution de conscience de la planète, prêt à être courageux en choisissant l'amour plutôt que la peur. Venez vous délecter de la lumière bienveillante, des conseils et bénédictions de la douce Kuan Yin et rencontrez-la dans votre cœur et dans votre Âme, car elle vous parle de l'intérieur. Namasté, ami, car elle voit, honore et nourrit votre lumière dès maintenant.

Om Kuan Chi Yin Poosa !
Om Mani Padme Hum !

UTILISATION DE CET ORACLE

Ami très cher, Kuan Yin s'exprime à l'intérieur de votre cœur. La meilleure façon d'utiliser cet oracle est d'abord de vous centrer, d'inspirer profondément et de vous focaliser sur votre cœur. Vous pouvez organiser un rituel spécifique pour vos tirages si vous en avez le temps et le désir – installer par exemple une bougie ou une musique qui vous aident à pénétrer dans votre espace sacré et à vous connecter aux cartes de manière plus significative. Il est également recommandé de vous réserver chaque fois un moment pour tenir les cartes dans vos mains avant de les utiliser et de leur envoyer de l'amour du cœur avec l'intention que leurs messages soient clairs et utiles.

Vous pouvez poser une question spécifique, mais sachez que la Mère Divine vous offre tout ce dont vous avez besoin – vous obtiendrez donc parfois une réponse à votre question, et quelquefois le message qui vous parviendra ne correspondra pas à la demande. Ne refusez pas ces informations ! Gardez-les précieusement. Soyez patient et curieux de savoir où elles vous mèneront, alors vous commencerez à vous relier à la sagesse profonde et à l'intelligence bienveillante de la Mère Divine prête à vous guider dans la liberté, la paix, la joie, l'amour et plus encore.

Vous pouvez choisir l'un des différents tirages décrits ci-après, en mélangeant les cartes et en ramassant celles qui tombent du paquet, ou en les étalant face cachée pour en retirer le nombre voulu avant d'interpréter votre tirage grâce au livret explicatif que vous accompagnerez de votre intuition. Vous pouvez également inventer votre propre disposition. Tant que vos intentions sont claires et votre cœur ouvert, l'Oracle vous répondra.

TIRAGES SUGGÉRÉS

À CHAQUE CARTE SA VÉRITÉ

Pour obtenir des conseils rapides et clairs, gardez votre question dans votre cœur, mélangez les cartes et choisissez-en une, ou prenez celle qui tombe du paquet.

LE MIROIR DE KUAN YIN

Cette disposition s'utilise quand vous avez un problème relationnel qui nécessite un éclaircissement ou une résolution. Afin de découvrir ce que les conseils vous réservent pour avancer dans cette relation (qu'elle soit personnelle, professionnelle ou spirituelle), envoyez de l'amour à la personne concernée – si cela vous est difficile à cause des circonstances, imaginez que c'est votre Être Supérieur qui l'envoie à son Être Supérieur ! Puis mélangez les cartes et disposez-les ainsi :

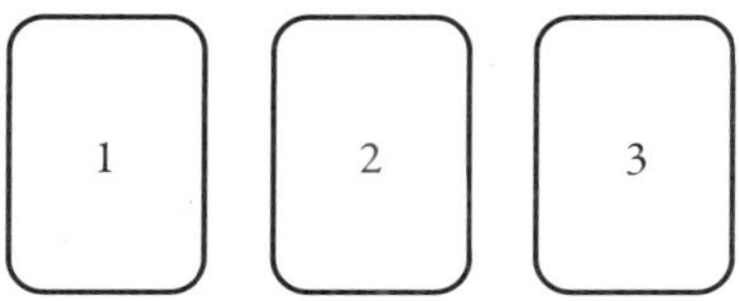

Carte 1 : Ce que vous apprenez grâce à cette relation (la carte vous aide à réaliser ce que vous devez maîtriser à l'intérieur, ce que la relation vient vous apprendre).

Carte 2 : Ce que l'autre apprend de cette relation (la carte vous aide à comprendre la leçon de son Âme, qui peut être très différente ou semblable à la vôtre).

Carte 3 : Résultats Supérieurs (la carte vous aide à voir combien et de quelle manière vous pouvez évoluer grâce à la relation, qu'elle se prolonge ou non dans le temps).

FLEUR DE LOTUS

Quand vous souhaitez recevoir des conseils, vous pouvez utiliser ce tirage pour n'importe quelle question, qu'elle soit d'ordre spirituel ou matériel. Cette disposition aide à se connecter aux guides spirituels pour recevoir des instructions qui vous permettront de débloquer ce qui vous gêne.

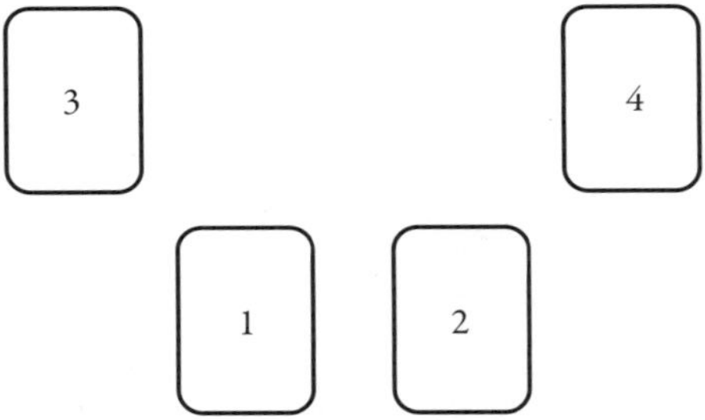

Carte 1 : Cœur du problème (ce n'est peut-être pas ce que vous pensez !)

Carte 2 : Comment puis-je évoluer au mieux pour résoudre le cœur du problème ? (la meilleure approche ou chemin à suivre pour transformer la véritable cause liée à la question posée).

Carte 3 : Conseils spécifiques (carte de communication de votre Être Supérieur).

Carte 4 : Conseils pour l'avenir (une carte qui apporte la signification globale des résultats spirituels que vous obtiendrez si vous traitez le problème).

MANTRA DE KUAN YIN

Quand vous travaillerez avec l'Oracle de Kuan Yin, vous remarquerez que la prière proposée à la fin de chaque message se termine par un mantra. Je les utilise pour obtenir un puissant effet de guérison pour moi-même et autrui, et vous pouvez en faire autant. Un mantra n'est pas uniquement une suite de mots qui ont un sens, même s'ils ont vraiment une signification. Ce sont des sons qui ont réellement le pouvoir d'agir sur votre champ énergétique, bien plus que les paroles ordinaires. Quand nous récitons un mantra, nous travaillons avec la conscience supérieure. Savez-vous qu'il existe des êtres spirituels dont le rôle est de formuler des mantras pour l'évolution du monde ? Ils chantent dans les domaines célestes afin de créer un pont pour tous ceux d'entre nous qui atteignent la conscience supérieure par ce même moyen. En récitant un mantra, nous nous connectons par-delà le temps et l'espace à l'amour et à la dévotion de tous les humains qui l'ont répété avant nous, au mantra de Kuan Yin, sans doute le plus utilisé au monde, immense réserve d'énergie et de puissance de groupe dans laquelle nous pouvons puiser, et également aux êtres de lumière qui le diffusent sous forme de conscience au service de l'humanité. Le fait de répéter un mantra nous fait rejoindre une vaste équipe de conseillers sur le chemin de notre évolution.

Vous pouvez réciter un mantra à tout moment : en lavant la vaisselle, en méditant, en marchant... Évitez seulement de le faire en conduisant, parce que cela peut vous faire entrer dans un état de conscience altéré qui serait préjudiciable à l'ancrage nécessaire pour respecter le code de la route !

Le mantra Om Mani Padme Hum est une puissante prière divine qui ouvre le cœur, élève la conscience et procure la paix. C'est certainement le plus utilisé sur Terre, il possède donc une énorme énergie de groupe qui soutient tous ceux qui choisissent de le réciter. Il apporte la compassion pour résoudre tous les problèmes. Il attire la grâce sacrée de Kuan Yin, de tous les êtres d'amour inconditionnel et de la Mère Céleste, ainsi que votre propre étincelle divine qui s'exprime par votre Âme, afin qu'elle vienne vous aider à résoudre toutes les questions qui se posent.

Le fait de répéter un mantra à voix haute avec la prononciation correcte accroît son efficacité dans le monde matériel. On m'a appris à le dire ainsi : Om a le son de « heaume », Mani ressemble à « manie », Padme se dit « padmée » et Hum se prononce comme « chewing-gum » (avec un « h » au lieu d'un « g » !)

L'ensemble signifie « Ouverture du joyau dans le lotus » ou pour moi, « Que mon cœur s'ouvre à la Compassion Divine et que je me reconnaisse comme un être de lumière éveillé ».

Dans cet ouvrage, nous utilisons également le mantra Om Shanti. Ce puissant joyau signifie simplement « paix ». Il se prononce Om comme le précédent, Shanti comme « chane-ti ».

Om Shanti. Que la paix soit.

Ça marche ! Faites l'essai et appréciez.

Puissent la paix, la guérison, l'intuition et la joie venir à vous quand vous travaillerez avec la douce Kuan Yin.

Namasté, je vois votre lumière et votre beauté.
Alana Fairchild

MESSAGES DES CARTES

1. LUNE DE BAMBOU

Savez-vous qu'il n'y a aucune erreur dans l'Univers et que tous les événements, les circonstances, les relations et les situations se déroulent à la perfection dans l'intelligence et la synchronisation du plan divin ? Tout retard apparent joue en votre faveur. S'il se passe quelque chose dans votre vie en ce moment même, c'est parfait aussi. Le temps est venu de croire que le rythme divin n'est que perfection.

Vous vous demandez peut-être quand les choses vont s'arranger pour vous, ou si elles s'accélèrent, vous aimeriez savoir si vous êtes prêt ! La réponse est OUI !

La synchronisation divine est toujours en jeu, que vous lâchiez prise ou que vous tentiez de forcer les choses. Un pouvoir intelligent plus vaste que notre vision forcément limitée est constamment à l'œuvre et nous en faisons partie. Tant de joie et de paix nous attendent quand nous réalisons cette vérité et apprenons à nous détendre et à faire confiance au déroulement de notre destinée divine !

Le bambou chinois nous enseigne cette sagesse de la synchronisation divine. Pendant les cinq premières années de sa vie, il semble ne rien se passer, car seules les racines s'enfoncent dans le sol. Quand elles sont prêtes, ces racines sont exceptionnellement fortes et la plante pousse d'un coup comme un feu sauvage ! Il se passe davantage de choses lors de la préparation de la croissance que ne semblent le montrer les débuts modestes de cette plante.

C'est ainsi en ce qui concerne la synchronisation divine. Nous connaissons des périodes où il ne passe pas grand-chose en apparence, et nous commençons à croire qu'il en sera toujours ainsi ! Pourtant, ce temps de préparation intérieure permet un développement rapide quand nous sommes prêts. Lorsque cette œuvre lente et minutieuse se termine, notre évolution fait un bond en avant et peut nous paraître trop rapide pour assimiler les événements qui se bousculent alors ! Mais nous sommes évidemment capables de faire face, puisque la préparation intérieure a bâti de solides fondations d'énergie spirituelle.

Comme la lune qui passe de l'obscurité à la splendeur de sa réflexion solaire pour se cacher de nouveau, notre développement est cyclique. Vous êtes encouragé à croire en la synchronisation divine et à savoir que tout est bien dans le monde. Réjouissez-vous ! Vos rêves et votre destinée divine se manifestent maintenant, que cela soit visible ou non, et tout continuera de se dérouler pour votre plus grand bien. Ami très cher, soyez en paix. Vous n'êtes pas oublié et vos dons ne sont ni dévalués ni surestimés. Tout est parfait dans le déroulement du plan divin dont vous faites partie.

GUÉRISON PAR LA LUNE DE BAMBOU

Imaginez que vous êtes assis dans une immense forêt de bambous verts, abondants, frais et calmes. La lune qui s'élève au-dessus de vous est pleine et bien ronde. Sous sa douce lumière abondent la paix et la sérénité. Vous prenez conscience des immenses champs de bambous dorés par la lueur lunaire. Les plantes sont caressées par une brise paisible. Sentez la paix et la reconnaissance dans votre cœur. Inutile de chercher autre chose que ce ressenti. Vous faites partie de la nature, vous vous épanouissez aussi. Sentez-le.

PRIÈRE SOUS LA LUNE DE BAMBOU

Kuan Yin, vous vous abandonnez à la perfection divine, telle la pousse de bambou qui se prépare pour sa croissance fulgurante et comme la lune splendide qui s'arrondit. Le changement n'est pas toujours évident, et pourtant la croissance est là ! Aidez-moi à comprendre tout cela en accord avec la synchronisation divine de ma propre vie en ce qui concerne mes désirs, mes projets et mes plans. Remplissez mon cœur de paix et d'amour, déesse vénérée. Que la sagesse de la lune de bambou pénètre mon Âme. Om Mani Padme Hum.

2. BÉNÉDICTIONS DE LA VIERGE LUNAIRE

La Vierge Lunaire, accompagnée de son lièvre de chance, présage de bons augures de prospérité. L'Univers cherche à remplir, restaurer et créer à travers vous. Permettez-vous de recevoir au-delà de ce que vous croyiez possible, en ouvrant votre cœur maintenant avec gratitude. Laissez venir les bénédictions de chance de Kuan Yin, la Vierge Lunaire, et acceptez de les voir entrer dans votre vie.

Des flots d'abondance et de prospérité viennent à vous aujourd'hui. On vous demande de vous ouvrir à ce que vous croyez possible, puis d'élargir encore ! Permettez à la chance sous toutes ses formes de vous parvenir. Ne limitez pas ce que vous êtes capable d'attirer avec des croyances erronées sur ce que vous méritez et ce qu'il est bon de posséder. L'Univers est prêt à partager avec vous bien plus que vous ne le pensez, si vous ouvrez votre cœur et lâchez prise des limitations, doutes et peurs que vous vous imposez.

La Vierge Lunaire offre avec une grande générosité ses bénédictions de paix et de chance, c'est à nous d'avoir confiance en ces bienfaits et d'accepter d'évoluer pour qu'ils se manifestent dans nos vies. Ils ont besoin d'une énergie intérieure dans laquelle investir, comme la plante a besoin d'une terre accueillante pour se manifester dans le monde physique et pousser en bonne santé.

Les bienfaits tels qu'une opportunité de carrière, une nouvelle relation, un chemin de vie sain, le développement du pouvoir personnel ou spirituel et le rétablissement financier nécessitent une énergie intérieure dans laquelle s'enraciner et croître dans le monde matériel. Nos croyances, notre ouverture, notre vitalité et notre confiance doivent être suffisamment robustes pour recevoir la magnificence des cadeaux qui nous sont offerts. Sinon, cela revient à planter un chêne immense dans un minuscule pot ou à vouloir confiner un océan à l'intérieur d'un dé à coudre !

Savez-vous comme il est facile d'attirer davantage de bien et de soutien pour votre évolution ? Ayez de la gratitude pour ce que vous avez déjà reçu et pour la croissance déjà obtenue. Ces bienfaits ne vous seraient pas parvenus s'il n'y avait une capacité et un terrain en vous pour les accueillir.

Partagez quelque chose avec d'autres personnes de manière à vous épanouir au lieu de vous amoindrir. Vous pouvez choisir d'offrir votre bonté, vos talents, votre amour ou votre affection, des connaissances ou des ressources matérielles. Donnez avec le désir au cœur. Ne cherchez pas à donner par peur, obligation ou culpabilité. Vous vous sentirez mieux et avancerez plus loin dans le flot d'abondance.

Le Féminin Divin crée sans limites, encore et encore, en procédant par cycles comme ceux de la lune. Si vous êtes passé par une période difficile où vos capacités créatives semblaient entravées, cet oracle indique que le vent tourne et que vos finances, vos relations, votre énergie et votre vocation reçoivent maintenant d'immenses flots d'énergie universelle. Acceptez la grâce divine et sachez que votre abondance aide les autres à la recevoir aussi. Le fait de vivre une vie de joie et de plénitude est un service spirituel que vous rendez à votre entourage.

BIENFAITS GUÉRISSEURS DE LA VIERGE LUNAIRE

Prenez un moment pour réfléchir au domaine de votre vie qui a besoin d'évoluer, de guérir et de connaître l'abondance. La chance et la prospérité ont de nombreux visages – la richesse matérielle en est un, les relations, un autre, le succès professionnel, l'accomplissement spirituel et l'expression créatrice en font partie également. Quels visages de l'abondance souhaitez-vous rencontrer davantage dans votre vie ?

Une fois que vous avez identifié les domaines que vous souhaitez améliorer (en sachant que la guérison affectera tous les aspects de votre vie, quel que soit le canal choisi au départ), prenez le temps de formuler et peut-être d'écrire dans votre journal au moins trois croyances négatives qui entourent cette partie de votre vie. Puis pensez à trois situations positives que vous aimeriez connaître et notez-les aussi.

Fermez doucement les yeux et imaginez-vous dans un lieu mystique où la pleine lune brille de tous ses feux au cœur de la nuit. Voyez Kuan Yin danser dans une magnifique lumière, des fleurs de lotus sous les pieds et une lueur dorée émanant de ses mains tendues vers vous en offrande. Imaginez que vous lui confiez vos croyances négatives – que vous pouvez lui lire à haute voix si vous le souhaitez – et laissez-la les baigner de lumière dorée pour les transformer en énergie positive. Voyez les fleurs de lotus issues de ses pieds caresser votre chakra couronne pendant qu'elle vous transmet l'énergie de guérison dans celui du cœur. Inspirez cette énergie en vous et quand vous êtes prêt, dites simplement la prière ci-dessous ou seulement « merci » avant d'ouvrir les yeux.

PRIÈRE À LA VIERGE LUNAIRE

Je choisis maintenant d'abandonner l'énergie, les croyances et les mémoires négatives connectées à l'abondance, à l'argent, aux relations, au succès et au bien-être. Je les offre pour guérison à Kuan Yin, la Vierge Lunaire, afin qu'elle transforme le fardeau de ces offrandes en lumière dorée. Que cette lumière pénètre dans mon cœur. La chance et les bienfaits me parviennent à partir de ce jour. Je les reçois et les partage. Je flotte sur un océan d'abondance, de joie et de grâce divine. Par les bénédictions de la vénérée Kuan Yin, qu'il en soit ainsi.

3. ÉMERGENCE DE LA DANSEUSE CÉLESTE

La danse de Kuan Yin génère lumière et énergie créatrice dans les cieux, ce qui provoque l'épanouissement ici-bas. De la même manière, quand nous puisons dans notre pouvoir de création spirituelle, nous permettons à la vie en nous et autour de nous de s'éveiller. Créer est une capacité naturelle en vous, ami très cher. Se forcer ralentit le processus. Il est temps de cesser les efforts et de laisser vos talents se manifester. Croyez, laissez faire et libérez votre créativité.

Kuan Yin est un être d'énergie féminine sacrée. En dansant dans le ciel avec les pouvoirs célestes de l'inspiration, elle fait surgir la vie autour d'elle. Elle vous souffle l'idée que vous êtes en train de créer quelque chose d'important, en alignement avec la lumière et les forces divines, une chose significative pour l'éveil spirituel de la planète. Que vous en soyez conscient ou non, c'est la réalité. Votre lumière spirituelle s'écoule dans le plan physique avec l'intention de favoriser certaines circonstances et de concrétiser certaines situations. Ces manifestations sont en accord avec votre chemin spirituel et Kuan Yin les soutiendra par sa danse au ciel qui attire la lumière divine de l'inspiration et l'aide pour les créations terrestres, afin que nous puissions voir le Divin prendre forme sur Terre.

L'œuvre de Kuan Yin, danseuse céleste, est la voie du Yin ou du magnétisme divin. Le Yin est la conscience d'« être » qui permet d'attirer à soi ce que l'on désire – richesse, bien-être, paix, passion, détermination, amitié, soutien ou succès. Au lieu de lutter comme si nous pensions ne rien avoir à notre portée, nous pouvons développer notre capacité d'être et de devenir simultanément, jusqu'au jour où nous pourrons l'expérimenter physiquement dans nos vies. Ce n'est qu'une question de temps.

Pour cultiver vos capacités Yin afin de permettre à la création de se manifester dans la réalité matérielle, concentrez-vous davantage sur le fait d'autoriser, de suivre le courant, de vous abandonner et de participer au grand flux d'énergie, au lieu d'utiliser les moyens habituels de la civilisation occidentale, par la force, la volonté, la ténacité. Kuan Yin vous guide pour équilibrer l'être et le faire. Être, c'est la présence, la gratitude, l'immobilité joyeuse et l'émerveillement ; c'est la réalisation intérieure que vous êtes un aimant à spiritualité et que vous pouvez attirer tout ce que vous voulez en cultivant en vous les qualités que vous cherchiez auparavant à l'extérieur. Kuan Yin vous apprend à danser avec elle au ciel, à devenir réceptif aux énergies célestes et à permettre aux créations de s'épanouir, comme les fleurs sortant de ses pieds.

GUÉRIR AVEC LA DANSEUSE DU CIEL

Sentez-vous dans un espace sombre, immense et paisible, à la fois plein et vide. Cet espace vous soutient sans vous retenir d'aucune manière. En imaginant ce lieu sombre autour de vous, comme un berceau cosmique, dites doucement à voix haute : « J'appelle maintenant la capacité Yin de Kuan Yin pour m'aider à lâcher prise du besoin de forcer, de lutter et de croire que je dois provoquer les choses par moi-même, qu'il me faut contrôler ma création pour qu'elle se manifeste ! Aidez-moi à faire confiance à l'Univers, à mon Âme, à la bonté naturelle de la vie, aux réponses du cosmos et à ma propre valeur. Aidez-moi, vénérée Déesse, pour que ma création se fasse rapidement et dans la grâce, la beauté et la perfection divine. »

Imaginez qu'au milieu de l'obscurité, vous sentiez une lumière tressant gracieusement des rayons infinis derrière elle. Permettez-vous d'entrer dans cette lumière, sachant que c'est Kuan Yin, la belle danseuse du ciel. Partagez sa danse si vous le souhaitez et sentez la lumière créatrice céleste s'écoulant autour de vous comme un magnifique ciel bleu inondé de soleil. Sentez la joie que procurent les fleurs issues de l'aura de Kuan Yin quand elles s'enroulent autour de vous deux en spirales.

Restez dans votre cœur et quand vous êtes prêt, ouvrez les yeux.

PRIÈRE À LA DANSEUSE DU CIEL

Vénérée Kuan Yin, danseuse du ciel, fleurissante de création, je suis uni au pouvoir du Féminin Divin. Je fais un avec la paix, avec la création qui se manifeste. Je suis amour, je suis abandon, je suis Yin, je suis béni. Je m'abandonne au recevoir. La paix de mon cœur fertilise toutes mes créations. Om Mani Padme Hum.

4. APPEL DE LA GRUE QUI DANSE

La grue qui danse évolue dans les eaux et les marécages avec grâce et élégance. Sa danse nuptiale est faite d'un beau mouvement fluide. Parfois, les flux astraux de notre vie émotionnelle stagnent et ont besoin du mouvement salvateur, de la beauté et de la grâce de la grue qui danse. Son appel est un moyen de nous dire que le son soigne aussi. C'est particulièrement vrai quand nos pensées, croyances et modèles émotionnels ne correspondent pas à la destinée spirituelle qui nous est allouée à la naissance.

Avez-vous déjà eu l'impression d'être « une autre personne » pendant les vacances ou en voyage ? C'est parce que vous êtes libéré de la gravité astrale dans laquelle vous vivez au quotidien. Le plan astral est une sorte de glu. Quand nous laissons s'accumuler l'énergie des habitudes dans nos pensées, émotions, croyances et histoires du passé qui conditionnent notre manière d'interpréter les expériences de vie, nous restons coincés dans la gravité astrale, incapables de lâcher prise de notre façon de penser et de réagir, même si nous le souhaitons vraiment. Nous pouvons créer des pensées et des croyances gluantes qui nous attachent aux maisons, aux lieux et aux gens. Dans un environnement différent, une chance nous est offerte de créer des habitudes et des croyances nouvelles, c'est pourquoi un voyage ou des vacances sont tellement rafraîchissants et inspirants. Pourtant, cela ne suffit pas toujours et il nous faut de l'aide pour sortir de la stagnation boueuse des vieilles pensées et croyances !

En évoluant spirituellement, nous pouvons dépasser notre conditionnement astral. Comme si l'on retirait la boue de l'eau, il nous est possible de libérer nos mouvements dans la grâce comme la grue qui danse si nous acceptons que l'énergie de guérison filtre nos programmes psychologiques afin que nos pensées, croyances et émotions puissent créer de nouvelles habitudes et de nouveaux modèles plus adaptés à nos attentes. Ces énergies filtrées finissent par devenir plus puissantes que les anciennes histoires qui ne nous soutiennent plus pour vivre en accord avec notre lumière spirituelle.

La dépollution des eaux astrales nécessite une grande patience, de la persévérance et de l'application. La grue utilise le mouvement et le son pour s'exprimer et elle vous encourage à expérimenter la danse ou le yoga, à chanter des mantras sacrés comme le nom divin de Kuan Yin, pour étayer votre changement. Peut-être sentez-vous intuitivement que le mouvement physique vers un lieu différent, comme une simple promenade dans un nouveau parc ou un séjour à la plage, vous fait du bien. Si vous avez envie de changer d'air, de sortir des situations habituelles ou de rencontrer de nouvelles personnes qui vous inspirent davantage, cet oracle confirme votre intuition et vous encourage à rechercher ces changements de vie.

Vous êtes guidé par la grâce de Kuan Yin, par la vibration de guérison de la grue qui danse, afin que vous cessiez de croire à vos vieilles histoires, vos habitudes et modèles dépassés en réalisant qu'ils ne sont que conditionnement astral. Ils ne renferment aucune vérité supérieure. Vous avez le droit de les transformer ! Choisissez de cultiver vos pensées, croyances et interprétations des expériences à votre guise.

Nous recevons parfois une assistance divine qui favorise une guérison astrale plus rapide et efficace. Nous avons toujours besoin d'affirmations destinées à changer nos pensées et à lâcher prise des anciennes histoires concernant la valeur, l'abondance, la santé, les relations, les jugements que nous portons sur nous-mêmes et sur les autres. Mais à l'aide des bénédictions divines, nous bénéficions d'une main salvatrice qui nous tire hors du marécage des habitudes jusqu'à ce que nous apprenions à vivre dans notre nouvelle vibration.

On vous demande de permettre à Kuan Yin de vous assister. Elle peut vous apparaître au cours d'une méditation, d'une séance de soins ou d'un rêve. Vous la verrez peut-être sous les traits de la déesse grue ou vous entendrez une musique ou des sons qui vous élèveront dans une nouvelle vibration. Vous sentirez son assistance dans le besoin de créer un tableau de visions, de réciter des affirmations ou un mantra, dans le désir de danser ou de faire du yoga. Permettez-lui de vous guider vers la meilleure façon de recevoir ses bienfaits afin que vos affirmations, votre tableau de visions constitué de vos images inspirantes préférées et vos choix dans l'interprétation des signes comme étant des preuves que l'Univers vous aime, vous aident à devenir plus fort que l'attrait du passé.

GUÉRIR PAR L'APPEL DE LA GRUE QUI DANSE

Asseyez-vous dans le calme et prenez conscience de l'espace dans votre cœur. Imaginez que vous regardez à travers votre chakra couronne et voyez ou sentez une boule irradiant une pure lumière blanche, tachetée de violet fluorescent au centre et entourée d'une bordure violette vibrante. Dites : « J'appelle la lumière électrique violette pour nettoyer mon champ astral de toute énergie négative, par la grâce de Kuan Yin. Qu'il en soit ainsi. » Ressentez cette lumière violette ruisseler comme une rivière sans fin, entrer dans votre corps par le chakra couronne, le traverser entièrement et sortir par vos pieds, se répandre à partir du centre de votre être jusqu'à devenir une immense colonne de lumière violette électrique, plus large que la pièce où vous vous trouvez. Reposez-vous ainsi tout le temps qui vous paraît nécessaire et terminez en disant : « J'appelle maintenant la grâce de Kuan Yin pour m'aider à manifester des pensées, croyances et émotions aux vibrations plus élevées, qui soutiennent mon Âme dans une expérience de vie terrestre joyeuse et enrichissante. Om Mani Padme Hum. »

Imaginez ensuite qu'au sein de votre cœur, deux grues dansent avec élégance, s'appellent et jouent dans la joie et l'émerveillement. Sachez que ces grues représentent votre Âme et celle de Kuan Yin. Permettez-leur de danser en liberté. Quand vous êtes prêt, inspirez et expirez puis ouvrez les yeux.

Vous pouvez avoir envie de terminer ce travail en prenant un bain ou seulement un bain de pieds dans lequel vous ajoutez une poignée de sel afin de compléter le processus de purification.

PRIÈRE À L'APPEL DE LA GRUE QUI DANSE

Vénérée Kuan Yin, déesse qui lance l'appel de la grue qui danse, puissent votre voix, votre grâce et votre lumière devenir plus puissantes que mes doutes et mes peurs. Que votre lumière attire mon Âme et que j'y abandonne ce qui ne me sert plus avec un amour inconditionnel. Que cela soit remplacé par l'inspiration de votre amour divin. Om Shanti.

5. DANSE DE LA REINE PAPILLON

Un cœur pur et un amour sincère attirent la grâce divine. Celle de Kuan Yin, la reine papillon, rend l'impossible réalisable. Passer d'une chenille à une magnifique créature ailée est une preuve incontestable que la grâce divine s'organise quelle que soit la tâche, même la plus incroyable. Quels que soient vos ennuis ou vos rêves, faites entrer la grâce dans l'utopie ou la situation qui vous préoccupe, afin que tout se déroule dans la perfection divine. Ami très cher, laissez danser la reine papillon qui améliorera votre situation actuelle dans la légèreté et la grâce de son cœur.

La grâce divine s'écoule à travers la reine papillon, dans la joie et la caresse de son toucher. Elle accorde des bienfaits de guérison, d'émancipation et de libération. Elle ruisselle vers ceux qui en ont vraiment besoin et qui sont prêts à la recevoir. La grâce divine ne connaît aucune limite. C'est le pouvoir que Kuan Yin, la reine papillon, diffuse par le pur canal de son cœur.

Kuan Yin vous demande de vous préparer à recevoir sa grâce, en choisissant d'abandonner la lutte et en entrant dans votre cœur pour demander à l'amour divin inconditionnel de danser avec elle dans votre vie.

La grâce divine ne va pas vous priver soudainement d'une leçon importante pour vous. C'est l'intervention d'un amour et d'une compassion inconditionnels de la divine intelligence qui vous aide à comprendre que vous avez appris ce que vous pouviez et qu'il est temps maintenant de sortir de la situation et de vous élever vers une nouvelle expérience et d'autres vibrations. Tournez votre esprit vers une résolution paisible de votre problème par une aide inspirante. Abandonnez les sentiments profonds d'incapacité qui vous demandent de continuer à lutter seul avec des ressources limitées. Laissez de côté l'idée fausse qu'appeler à l'aide crée la dépendance, que ce soit auprès des humains ou des êtres spirituels sur d'autres plans. Le fait d'assister les autres ou de demander de l'aide construit un échange qui n'enlève aucun pouvoir mais qui permet à la puissance divine d'imprégner la relation afin que vos capacités augmentent et que vous puissiez vous élever et recevoir les bienfaits de la situation.

La reine papillon vous presse de lâcher votre fardeau, d'autoriser votre cœur à s'alléger comme l'air, comme si sa danse venait le chatouiller de sa douce caresse. Sa grâce vous effleure déjà, ami très cher.

DANSE DE GUÉRISON DE LA REINE PAPILLON

Trouvez un endroit dans la nature où vous pouvez observer un beau paysage paisible, ou asseyez-vous devant votre autel décoré de quelques fleurs ou de la photo d'un lieu que vous aimez. Vous pouvez même fermer les yeux et vous visualiser dans cet endroit serein. Permettez-vous de remarquer comme chaque élément de ce lieu naturel est à sa place. L'eau coule tout simplement, les arbres poussent, le soleil brille ou la pluie tombe. Ils ne font aucun effort, ils sont ce qu'ils sont.

Imaginez maintenant que votre vie, dans tous ses détails et avec les êtres qui l'accompagnent, se déroule comme cette scène naturelle. Abandonnez les efforts et les luttes pour que les choses se passent comme vous le voulez et elles seront soudain libres d'évoluer à leur guise, de changer naturellement selon le plan divin et dans la grâce qui emplit notre univers.

Dites : « Je reçois avec gratitude la grâce divine et l'amour inconditionnel de Kuan Yin, la reine papillon. Merci pour les bienfaits de la grâce qui danse maintenant en moi. Qu'elle transforme mon cœur et ma vie en une expression de pur amour et de conscience élevée. Je m'abandonne dans la douceur de votre grâce et dans le flot joyeux de la vie ! Om Mani Padme Hum ! »

PRIÈRE À LA REINE PAPILLON

Je choisis maintenant d'abandonner la lutte et le doute pour m'ouvrir aux bienfaits de la grâce divine de Kuan Yin, par qui tout devient possible. Vénérée reine papillon, faites que j'entende dans mon cœur la divine musique de joie et de paix sur laquelle vous dansez. Om Mani Padme Hum.

6. FILLE DU PHÉNIX

Quand l'Âme est prête à déployer ses ailes, elle traverse une purification en profondeur et une préparation pour accéder à d'autres niveaux de sagesse spirituelle, de puissance et de lumière. Tel le phénix baptisé par le feu céleste avant de renaître, vous allez passer par une phase de purification, de préparation et d'initiation spirituelles. C'est une étape avancée de votre croissance à l'issue de laquelle vous connaîtrez une plus grande paix, un pouvoir de nature divine et une progression sur votre chemin de vie. Kuan Yin, fille du phénix, a traversé le feu à la fois physique et céleste pour s'élever dans sa position de grande paix, de pouvoir et d'autorité spirituelle. Elle vous guide aujourd'hui dans votre travail de renaissance et d'ascension.

Comme pour un déménagement, il nous faut trier nos possessions, et c'est parfois l'occasion de laisser ce que nous ne voulons pas emporter dans notre nouvelle vie, car nous nous préparons à connaître un niveau de conscience plus élevé. Les anciennes habitudes, les émotions bloquées et l'énergie stagnante ne font plus partie du cycle de notre vie nouvelle.

La voie de purification et d'initiation par le feu spirituel est une préparation à l'illumination, au bonheur, au bien-être, à la prospérité, au succès, à la responsabilité spirituelle et à la prise de décision. C'est un moment difficile, car ce qui se maintient en travers de cette nouvelle capacité spirituelle doit être éliminé, et ce sont souvent des peurs, des doutes ou des questionnements profonds sur notre propre valeur et nos capacités. C'est très déstabilisant d'affronter consciemment ces parties de nous-mêmes. Cependant, nous ne pouvons pas les abandonner si nous ne réalisons même pas ce que nous conservons au fond de nous. Cette initiation vous aidera à laisser les fardeaux et les douleurs qui ne correspondent plus au niveau supérieur de lumière dans lequel vous vous apprêtez à déménager. Le processus est sans doute difficile par moments, mais sachez qu'il est tout à fait normal. Ces expériences sont en fait nécessaires.

Ne craignez pas les défis. Vous n'auriez pas à faire face à ces « examens spirituels » si vous n'étiez pas prêt à vivre sur un niveau de conscience supérieur. Ayez foi en vos progrès et souvenez-vous de ne pas rester attaché à ce qui doit quitter votre conscience au moment où votre Âme s'élève. Abandonnez les anciennes énergies dans la confiance, même si vous ne comprenez pas toujours consciemment ce qui se passe, car c'est la manière la plus rapide de pouvoir vous élever dans la grâce et la facilité.

Afin de réussir cette initiation et d'en tirer bénéfice, il vous faut être prêt à laisser partir ce qui doit être consumé. Kuan Yin, fille du phénix, vous apprend dans la foi et la confiance que le feu céleste doit faire son œuvre pour que vous puissiez de nouveau progresser vers votre destinée spirituelle.

L'initiation est en phase finale quand vous êtes capable de mettre vos talents et vos croyances dans l'épreuve, en vivant selon les principes spirituels de foi, de confiance et d'amour. Quoi qu'il se présente maintenant, c'est l'occasion d'appliquer vos valeurs spirituelles et de vivre votre vie en accord avec elles. Le feu céleste a bientôt accompli son œuvre et vous allez vous élever tel le glorieux phénix, vers votre nouvelle vie.

GUÉRISON CÉLESTE AVEC LA FILLE DU PHÉNIX

Asseyez-vous dans le calme, les yeux clos, et voyez, sentez ou ayez l'intention de voir une colonne de feu descendant sur votre tête, vous entourant et vous traversant pour brûler d'un feu spirituel loin au-dessus de vous et jusqu'au centre de la Terre.

Dites : « Je libère maintenant dans la confiance et la paix toute énergie, corde ou attachement qui ne sert plus l'ascension de mon Âme vers le niveau suivant de lumière et d'incarnation divine. Je fais appel à Kuan Yin, fille divine du phénix, pour m'aider et me bénir aujourd'hui. »

Prenez conscience d'une lumière douce qui commence à irradier depuis le centre de votre colonne de feu. C'est Kuan Yin. Imaginez-la en magnifique déesse phénix, aux ailes et au cœur de feu divin. Elle monte et vous attire vers elle, puis tout s'apaise quand elle sort du feu sous forme de déesse féminine pleine de douceur. Laissez sa lumière vous soulager et vous aider à en sortir à ses côtés. Imaginez que vous vous débarrassez des anciennes énergies et que d'autres émergent, renouvelées par sa lumière enveloppante, protectrice et encourageante. Tout est bien.

PRIÈRE À LA FILLE DU PHÉNIX

Kuan Yin, fille divine du phénix, maîtresse du feu céleste, votre lumière paisible et votre grâce me soutiennent dans les expériences de ma croissance. Que votre éclatante beauté m'attire dans la paix, que je ressente l'excitation et le ravissement au lieu du doute et de la peur. Que j'apprenne à libérer les vieilles souffrances sans me laisser happer par les anciennes histoires. Que je compatisse à ma propre douleur en l'abandonnant dans l'amour et la paix. Que je vive selon mes vérités, en appliquant ma propre sagesse spirituelle dans tous les domaines de ma vie, avec foi et courage. Om Mani Padme Hum.

7. BOISSON DE LA FONTAINE D'ÉMERAUDE

Le Féminin Divin encourage l'éveil et l'émancipation de tous les êtres vivants. Quand un quêteur sincère veut s'en sortir, il reçoit beaucoup d'aide. Il faut donc s'ouvrir pour la recevoir, afin d'avancer et de boire à la fontaine émeraude d'amour inconditionnel située dans le chakra du cœur de Kuan Yin. Permettez-vous d'être nourri de cet amour et du pouvoir offerts par la Mère Divine.

Il n'y a rien à gagner à se rendre la vie plus difficile qu'elle ne l'est déjà, sinon du stress supplémentaire ou peut-être l'assurance qu'elle soit encore moins drôle ! En ce moment, vous traversez une période de grande progression spirituelle. Votre conscience supérieure a programmé une certaine destination dans le temps et l'espace et planifié un déroulement des événements destinés à vous faire bénéficier de synchronismes pour pouvoir vivre son but divin dans le monde physique. L'Âme a beaucoup de ressources et elle appelle l'assistance divine pour arriver à destination au bon moment.

Lorsque vous acceptez de l'aide, vous accédez à d'immenses réserves. Votre Âme est renforcée et sustentée par le cœur aimant de la Mère Divine. Comme il est plein d'amour de la fontaine émeraude, celui-ci se déverse en vous et vous ressentez davantage de joie, de paix, d'équilibre et de satisfaction. Plus vous vous autorisez à recevoir de l'aide, plus vous êtes confiant et détaché. Vous rencontrez de moins en moins de problèmes, et ceux qui apparaissent se résolvent facilement, parfois avec un minimum d'efforts de votre part. C'est ainsi dès que l'on permet aux forces divines supérieures de nous soutenir et de nous nourrir. Nous laissons un pouvoir d'amour bien plus grand que notre conscience individuelle faire le travail et notre chemin de vie se déroule plus rapidement et dans la joie. C'est réussir sans rien faire.

Vous êtes à un moment de votre voie où vous avez besoin de soutien pour grandir et évoluer. Vous êtes invité à boire à la fontaine émeraude, à accepter le flux d'amour éternel coulant du chakra du cœur de la Mère Divine car il vous apportera de grands bienfaits, sous des formes qui ne font pas encore partie de votre conscience habituelle. Que votre soif spirituelle soit étanchée et que la Mère Divine vous soutienne et vous assiste.

GUÉRISON PAR LA FONTAINE ÉMERAUDE

Allongé ou assis confortablement, fermez les yeux et laissez ralentir votre respiration. Imaginez devant vous un lieu sacré rempli d'une lumière vert émeraude ; vous entendez une fontaine. Le son ressemble à celui d'une cascade, d'un bol tibétain, d'une voix de femme ou de chants d'oiseaux. Vous voyez ou sentez la fontaine et vous vous en approchez, comprenant que vous êtes dans un endroit très particulier, un lieu d'amour au grand pouvoir, dans le chakra du cœur de Kuan Yin, la Mère Divine. Permettez-vous de boire et de vous immerger dans la fontaine avec respect et gratitude. Nourrissez-vous de cette lumière émeraude et sentez vos émotions se libérer ; vous êtes, tout simplement.

Quand vous êtes prêt, revenez à votre respiration et à votre corps, et terminez votre soin par la prière ci-dessous si vous le souhaitez.

Les jours et semaines suivants, apprenez à dire oui, à permettre à la vie de devenir plus simple, à abandonner fardeaux et blocages pour faire vraiment confiance au processus.

PRIÈRE À LA FONTAINE ÉMERAUDE

Divine Kuan Yin, déesse vénérée qui m'aime inconditionnellement, je vous offre ma bénédiction et la permission de m'assister de la divine énergie qui œuvre pour mon plus grand bien dans tous les domaines de ma vie. Je bois à la fontaine de votre cœur ce dont mon Âme a besoin ! Je reçois avec gratitude votre aide aimante inconditionnelle. Om Mani Padme Hum.

8. DYNASTIE DE LA MÈRE DIVINE

Le seul souhait de la Déesse Mère Divine est que tous les êtres soient libres spirituellement. Elle nous demande de réaliser notre véritable nature, d'aimer notre propre divinité. L'illumination est l'aboutissement de plusieurs petites étapes, chacune d'elles semblable à une goutte d'eau s'unissant en un océan de paix, de prise de conscience, d'amour et d'unité intérieure, un océan qui dissout la peur, la séparation et le manque en nous baignant d'abondance et d'allégresse. Vous portez en vous la torche de l'illumination, chère Âme. Faites-la briller tous les jours.

Nous imaginons parfois les illuminés comme une espèce bizarre d'êtres humains ! Un vieux dicton oriental nous rappelle : « Avant l'illumination, scie du bois et transporte de l'eau. » En effet, elle se manifeste dans les petites actions du quotidien. Une petite chose peut parfois représenter un saut gigantesque, et nous remarquons alors que notre chemin vers la sérénité est constitué des choix que nous faisons à chaque instant.

La dynastie de la Mère Divine est son héritage spirituel, sa compassion infinie pour la souffrance humaine et son intention de sortir l'humanité de son ignorance et de la guider vers la paix qui transparaît chez les déesses orientales comme Kuan Yin, Tara verte et Mazu.

Cet oracle indique que votre héritage spirituel est important sur cette planète. Vous êtes un canal de la dynastie de la Mère Divine qui agit pour l'illumination de tous les êtres. Nous contribuons à cette dynastie par nos choix et nos créations, depuis nos pensées intérieures jusqu'aux projets dans lesquels nous investissons du temps, de l'énergie et de l'argent. Ceux-ci deviennent l'héritage spirituel que nous léguons aux générations à venir.

La Mère Divine vous amène à réaliser que votre Âme s'approche de l'illumination personnelle et commence à la vivre par moments. Plus vous choisissez de remarquer et d'apprécier ces instants, plus ils sont nombreux. C'est la compréhension de votre propre processus de prise de conscience qui se fait jour ! C'est très excitant et cependant cela ne vous éloignera pas du monde de vos proches, comme vous le craignez peut-être inconsciemment, cela fera simplement briller plus fort votre lumière, apportant la sérénité et de nombreux bienfaits dans vos relations et votre entourage. Votre illumination personnelle aidera la planète de bien des façons. Vous deviendrez un phare spirituel puissant auquel les autres pourront se fier pour trouver leur chemin plus facilement.

Cet oracle vous demande d'abandonner les idées sur l'illumination, à quoi cela peut ressembler ou ce que l'on ressent, et de vous rendre compte des domaines de votre vie où elle émerge déjà. Vous recevrez également des conseils pour votre pratique spirituelle quotidienne. Vous serez peut-être attiré par une différente sorte de méditation, par un travail avec les prières et les paroles sacrées, par le Taï Chi ou le Chi Gong, et vous rechercherez plus souvent des soins comme le massage ou l'acupuncture. Écoutez les élans de votre cœur, qui connaît déjà l'unité et possède la graine d'illumination depuis toujours, et suivez votre intuition. C'est la voie lumineuse pour acquérir la compréhension divine et vivre l'illumination au quotidien. La Mère Divine a pour vous de la gratitude car vous faites partie de son héritage spirituel, vous êtes membre de sa dynastie.

Cette carte vous conseille également de ne pas craindre que votre chemin spirituel vous fasse perdre quelque intérêt pour les sujets du monde ordinaire. Votre concentration reviendra quand le temps sera venu, mais pour l'instant, observez ce qui se passe dans votre vie sous l'angle de la pratique spirituelle et soyez assuré que vous progressez à la perfection. L'illumination n'a pas besoin de se passer dans un lieu officiel. Notre vie est le temple de l'évolution de notre Âme si nous gardons le cœur ouvert. Que votre cœur soit en paix, sachant que votre lumière étincelle et s'accroît progressivement.

ILLUMINATION DE VOTRE CŒUR

Allongez-vous dans une pièce légèrement obscure et portez votre attention au centre de votre cœur. Imaginez une lumière diffuse qui monte et descend selon le rythme de votre respiration. Quand vous inspirez, vous la sentez plus vive, et sur l'expiration, elle grandit à l'intérieur puis autour de votre corps. Dites à voix basse pendant l'inspiration : « Je sens la lumière de l'amour en moi » et dites en soufflant doucement : « Je sens la lumière de l'amour autour de moi. » Continuez cet exercice un moment, puis terminez en disant : « Je fais un avec la lumière d'amour en toutes choses. » Restez immobile, sentez l'énergie de connexion et permettez-lui de circuler de votre cœur à votre corps tout entier. Quand vous êtes prêt, ouvrez les yeux.

PRIÈRE À LA DYNASTIE DE LA MÈRE DIVINE

Vénérées Kuan Yin, Tara verte, Mazu, déesses de la grande Mère Divine, s'il vous plaît, aidez-moi à vivre l'illumination chaque jour, à rencontrer mon Être véritable et à vivre dans la beauté et la joie avec la paix au cœur. Merci pour votre aide. Om Shanti. Je ressens maintenant votre sérénité en moi. Puissent tous les êtres trouver aussi une telle paix. Om Shanti. Om Mani Padme Hum.

9. HUIT IMMORTELS

Les messages que vous avez reçus, d'amour inconditionnel, d'absence de peur et d'encouragement à grandir et à devenir votre Être véritable, sont issus de votre Guide Supérieur. Les Huit Immortels vous parlent, ainsi que certains êtres de lumière et d'amour divin. Vous pouvez suivre leurs conseils en confiance. Vous en retirerez une grande joie.

Vous vous demandez parfois si vous êtes en contact avec une vraie assistance spirituelle ou si vous ne recevez que des souhaits de votre mental ! Les conseils authentiques sont simples, clairs et répétitifs. Si vous demandez une confirmation, vous l'obtenez. Plus vous êtes ouvert, plus elle intervient rapidement sous forme de signes, de conversations ou d'événements fortuits. En fait, un conseil et sa confirmation peuvent être instantanés et provenir de sources multiples et non connectées ! Comme si l'Univers s'amusait joyeusement à vous les fournir ! Les conseils sont utiles et édifiants. Ils vous demandent parfois de franchir une étape qui vous semble difficile, mais ils se reconnaissent toujours au fait qu'ils ne vous proposent que des actions justes et œuvrant pour votre plus grand bien. Ils apportent chaque fois le meilleur pour toutes les personnes concernées dans toutes les situations, quelles que soient vos appréhensions.

Il est bon d'être prudent et d'user de discernement à propos de la qualité des conseils que vous recevez, mais il est généralement facile d'identifier ceux qui ne vibrent pas sur une note très élevée. Ils contiennent des jugements, sur vous ou les autres, ils ne semblent pas correspondre à la demande (même si les vrais guides peuvent aussi vous demander des choses inattendues ou éloignées de vos objectifs à première vue, vous sentez profondément que leurs propositions sont justes). Les conseils authentiques, même s'ils représentent un défi à relever, vous laissent une sensation de paix et de légitimité, tandis que les mauvais, comme les pensées et les réflexions de la volonté, ne vous apaisent pas mais ajoutent à la confusion et confirment le jugement. Ce n'est pas fait pour vous aider !

Fouillez dans vos pensées et sentiments pour parvenir aux conseils authentiques et à la véritable connaissance spirituelle en vous. Demandez l'aide des Huit Immortels et des êtres qui vous aiment sans condition, et sachez que vous recevrez alors des conseils de qualité. Le processus décrit ci-dessous vous aidera à garder votre sérénité et à vous connecter à eux au plus profond de votre cœur, chère Âme, car il est porteur de paix et contient une grande sagesse capable de vous guider.

GUÉRISON PAR LES HUIT IMMORTELS

Prenez un crayon et un papier ou votre journal intime, et écrivez une lettre à votre « Guide Supérieur qui m'aime inconditionnellement » pour lui faire savoir que vous avez besoin de ses conseils ou d'une confirmation ou infirmation de ce que vous pensez avoir reçu. Rédigez la lettre, lisez-la à haute voix, puis cachetez-la et placez-la dans un lieu sacré, que ce soit votre journal, votre chambre ou votre espace de méditation. Déposez un cristal dessus. Fermez les yeux et visualisez huit Êtres d'amour divin inconditionnel autour de vous. Dites : « J'appelle ces êtres qui m'aiment sans condition pour qu'ils m'aident en me fournissant des conseils éclairés, utiles et remplis d'amour en réponse à ma question. Merci, vénérables Êtres. Namasté. »

Lâchez prise et revenez lire la lettre deux semaines plus tard pour voir si la réponse à votre question vous est déjà parvenue entretemps à travers vos expériences de vie. Si ce n'est pas le cas, relisez la lettre et demandez que l'on vous montre les réponses d'une manière qui vous offre le meilleur. Refaites la visualisation et la demande si nécessaire.

PRIÈRE AUX HUIT IMMORTELS

J'appelle les Huit Immortels qui m'aiment inconditionnellement et m'éclairent de leur lumière de paix et de leur puissance spirituelle, sachant que derrière chaque événement de ma vie se cachent des bienfaits. Je vous en prie, aidez-moi à recevoir conseils, clarté, sagesse et vérité qui révèlent le meilleur et me font progresser. Namasté, vénérables Êtres. Merci pour votre aide ! Om Mani Padme Hum.

10. IMPÉRATRICE DE LA PERLE

Vous avez un don intérieur de grande valeur issu de l'adversité, de vos défis et combats. Votre sagesse innée vous apprend que souffrir fait grandir, à condition de chercher un moyen de guérir grâce à cela. Le fait de voir les défis comme des moyens de développer votre lumière spirituelle vous permet de vous focaliser sur votre progression au lieu de rester aux prises avec la souffrance.

Les perles naturelles sont rares, ce sont des gemmes féminines chatoyantes créées à l'intérieur d'un organisme vivant, l'huître perlière. Le processus de leur fabrication est unique. Elles se forment quand une entité extérieure, comme un grain de sable ou un parasite, se retrouve à l'intérieur de l'huître. Celle-ci réagit en la recouvrant de couches d'une substance nacrée qui devient un trésor aux tons chauds et luisants.

Comme la magnifique perle rare, vous possédez une beauté spirituelle unique à offrir au monde extérieur. Votre joyau, don précieux formé à partir de vos expériences et de votre conscience, ne peut être créé ni reproduit par quelqu'un d'autre car il reflète la lumière de votre Âme unique.

Toutes les difficultés que vous avez traversées sont un don karmique destiné à faire grandir en vous cette offrande intérieure exquise venue soutenir l'évolution spirituelle de l'humanité. Quand vous reconnaîtrez cela, vous vous accommoderez plus facilement de vos problèmes et les utiliserez pour progresser au lieu de leur procurer de l'énergie inutile en vous focalisant sur eux, ce qui les nourrit et généralement les pousse à grossir !

S'il vous arrive d'attirer l'énergie négative de votre entourage, si vous êtes épuisé, voire même obsédé par des idées noires ou tracassé par de mauvaises expériences, ne craignez rien. Kuan Yin peut vous aider à guérir en permettant à ce qui se trouve coincé en vous de devenir un merveilleux don à partager. Tout comme la perle dont la formation débute par une gêne et une réaction, les circonstances dérangeantes de votre vie peuvent vous aider à développer votre don. Il est temps de réaliser que votre Âme se remplit d'un éclat et d'une beauté spécifiques à partager avec le monde extérieur. Quand vous l'aurez compris, vos fardeaux seront moins lourds et votre lumière beaucoup plus vive.

GUÉRISON PAR LA PERLE AVEC KUAN YIN

Fermez doucement les yeux et concentrez-vous sur le flux et le reflux de votre respiration. Imaginez que vous êtes dans un lieu paisible. Vous prenez conscience d'une lumière luisante et chatoyante ; c'est la vénérée Kuan Yin qui brille dans votre cœur. Vous sentez une expansion, vous devenez plus grand. En regardant en vous, vous remarquez la moindre irritation, le moindre malaise, les points de négativité et les peurs qui vous dérangent. Plus la lumière s'élargit, plus le problème rétrécit.

La Déesse commence à chatoyer d'une chaude lueur nacrée qui s'enroule autour du point négatif avec amour, dans la paix et la douceur, une couche après l'autre, jusqu'à ce que le problème disparaisse sous une épaisseur infinie de lumière nacrée.

Dites ensuite en respirant dans votre cœur : « Je choisis maintenant de libérer toute l'énergie négative qui m'a dérangé et fatigué. Je l'abandonne dans l'amour et je permets à mon propre cœur de créer sa perle pour le plus grand bien. Qu'il en soit ainsi ! »

Expirez dans votre cœur et restez immobile un moment. Quand vous êtes prêt, ouvrez les yeux.

PRIÈRE À L'IMPÉRATRICE DE LA PERLE

Ayant comme témoin la vénérée Kuan Yin, impératrice de la perle, je transforme la négativité grâce à la compassion. Tout ce qui me dérange est utilisé pour accroître ma lumière, qui devient plus grande que le problème. Je choisis maintenant de faire en sorte que la lumière de mon Âme soit plus puissante qu'aucune irritation ou souffrance que j'utilise pour sa croissance. Om Mani Padme Hum.

11. ENTREZ AU TEMPLE DE JADE

Kuan Yin, de son paisible Temple de Jade, élève tous les conflits vers une résolution à l'amiable. L'amélioration et la solution de n'importe quelle situation vous concernant sont déjà en bonne voie. On vous demande en fait de commencer à ressentir le soulagement de cette résolution dès maintenant, afin de recevoir plus facilement les résultats divins et les bienfaits de paix de la vénérée Kuan Yin quand ils se montreront.

Par moments, sur notre chemin, des conflits éclatent et des luttes s'ensuivent. Ces problèmes peuvent venir de nous ou sembler émerger d'une situation ou d'une relation extérieure. Cela fait partie de l'expérience de vie sur le plan physique, qui nous pousse finalement à élever notre vibration pour trouver l'unité tout en continuant à respecter notre individualité.

Vous possédez une lumière intérieure spirituelle, une lumière de paix qui peut se manifester dans les situations conflictuelles. C'est une énergie sereine capable de transformer le désaccord le plus houleux en bienfaits de la déesse Kuan Yin, prêtresse du Temple de Jade.

La paix n'est pas l'évitement du combat ni prétendre que les luttes n'existent pas. C'est une lumière qui se diffuse quand nous savons nous élever au-dessus des illusions de séparation, de compétition et de conflit pour chercher la conscience qui nous unit tous dans l'amour divin et dans notre volonté de servir la lumière – chacun à sa manière. L'énergie d'un tel niveau de conscience pure est transformatrice. Cela nous permet d'abandonner tout jugement et tout besoin de prouver notre valeur aux autres ou à nous-mêmes, ce qui revient à vivre notre vie tout simplement et à laisser les autres vivre la leur en gardant le cœur en paix. Le désaccord devient une occasion de progresser dans notre paix intérieure et dans l'acceptation aimante de toutes les voies possibles, avec confiance et détachement.

L'Âme doit être adulte pour appeler la paix, car ce n'est pas un moyen d'éviter le conflit mais une manière de l'utiliser comme un outil spirituel permettant de grandir et de dépasser les différends, de devenir indulgent envers chaque être qui choisit sa propre manière de progresser et de provoquer le génie spirituel du Divin capable de fournir des solutions porteuses de paix universelle.

La déesse divine vous parle en ce jour pour dire que la résolution est assurée pour vous. Ayez confiance, préparez-vous à abandonner votre point de vue pour en adopter un nouveau qui conviendra mieux et vous apportera la paix sur un niveau de réalité plus élevé. Il n'est plus question d'avoir raison ou tort, il s'agit maintenant d'entrer dans la paix et la résolution, dans la joie et le plaisir ! Vous en êtes absolument capable et vous apprécierez les merveilles du processus de guérison quand vous accéderez au Temple de Jade, lieu de paix sur lequel Kuan Yin veille en tant que guide et prêtresse. Elle accorde sa bénédiction à votre situation actuelle. Cet oracle confirme que si vous avez beaucoup lutté, une période de répit et de paix se présente à vous rapidement.

GUÉRISON AU TEMPLE DE JADE

Les yeux fermés, voyez, sentez, ressentez ou prétendez que vous êtes assis dans un temple merveilleux tout en jade laiteux. Les murs, les bancs, l'autel, les sculptures et les statues montrent différentes teintes de jade – vert, lavande, crème, abricot, rouge et blanc. Sur l'autel principal du temple se trouve un grand lotus sculpté dans le jade et vous ressentez beaucoup d'amour en provenance de son cœur. Vous vivez une paix profonde et vous remarquez Kuan Yin se tenant derrière la fleur et vous souriant.

Dites à haute voix : « Je demande maintenant la résolution paisible de toute situation ou difficulté me concernant consciemment ou inconsciemment, par la grâce divine de Ma Kuan Yin, vénérée prêtresse du Temple de Jade. Que ma vie devienne un vaisseau de paix et de lumière. Om Shanti. Que la paix soit. Om Mani Padme Hum. »

Laissez les énergies du temple, du lotus sur l'autel et de la vénérée Kuan Yin s'écouler dans votre aura et vous mener en un lieu d'abandon paisible où les solutions émergent et de grandes guérisons se font jour.

PRIÈRE AU TEMPLE DE JADE

Om Shanti. Om Shanti. Om Mani Padme Hum. Om Shanti. Om Shanti.

Puissent tous les êtres connaître la profonde paix et les bienfaits de la vénérée Kuan Yin, prêtresse de la paix. Puisse le cœur de chaque conflit se résoudre au Temple de Jade. Om Shanti. Om Shanti. Om Mani Padme Hum. Om Shanti. Om Shanti.

12. PORTES DU PARADIS

Tous les êtres ont un destin spirituel supérieur de liberté et de bonheur. La vénérée Kuan Yin brille d'une compassion sans limites sur toute vie dans ce but ultime. Parfois pourtant, les êtres aux vibrations basses, les entités et les élémentaux craignent l'amour divin et préfèrent se dissimuler dans les champs énergétiques humains. Cela bloque les progrès vers la libération des humains et de ces êtres pour passer les Portes du Paradis dans la paix, l'allégresse et le retour à la Source spirituelle de toute vie.

Nous devons parfois aider certains êtres à trouver leur chemin vers la lumière. Ils s'attachent aux énergies terrestres, aux gens, aux lieux et aux objets. Comme s'ils tentaient d'entrer dans une cité interdite, ils essaient d'habiter où ils ne sont pas les bienvenus, dans la lumière du champ énergétique humain, au lieu de progresser spirituellement sur leur propre chemin en passant les Portes du Paradis vers une conscience plus élevée du bonheur.

Cela arrive parfois quand la conscience de l'être aux vibrations basses ne croit pas possible de faire le voyage.

Vous ressentez peut-être consciemment ces attachements ou une présence spirituelle qui n'est pas de la plus haute vibration et qui doit s'éloigner de votre champ d'énergie, car vous vous sentez fatigué, colérique, amoindri ou « différent » parfois. Cela peut provenir d'énergies anciennes qu'il vous faut évacuer ou d'influences qui ne font pas partie de votre champ énergétique et qui doivent être chassées pour le plus grand bien de toutes les personnes concernées. Le processus de guérison proposé ci-dessous vous aidera, même si vous n'êtes pas conscient des subtilités à cause desquelles vous vous sentez mal.

Peut-être avez-vous fait un nettoyage récemment, auquel cas cet oracle vient confirmer son efficacité. Peut-être avez-vous perdu un de vos proches depuis peu, cela montre que celui-ci est en train de traverser et se sent en paix, mais qu'il aimerait bénéficier de vos prières d'amour pour progresser sur son chemin.

Cet oracle peut aussi indiquer une capacité psychique qui vous permet d'aider les êtres désincarnés à trouver leur voie vers une conscience apaisée. Si vous sentez que cela pourrait être le cas, vous aurez sans doute besoin d'une formation auprès de praticiens expérimentés qui abordent cette tâche avec amour et avec cœur.

Cet oracle porte également l'idée qu'il peut y avoir un bénéfice à vous réunifier, car le fait de laisser une partie de vous attachée au champ énergétique de quelqu'un d'autre par peur (que vous ayez ou non la permission de le faire) ne vous aidera pas à progresser. Il est temps d'entrer en possession de votre pouvoir au lieu d'essayer de pénétrer dans la cité interdite d'un autre champ énergétique, temps de chercher à passer par les Portes du Paradis et d'habiter le Palais de Lumière de votre propre cœur.

GUÉRISON PAR LES PORTES DU PARADIS

Concentrez-vous sur votre cœur et imaginez que vous voyez à travers votre chakra couronne une étoile brillante au-dessus de vous, faite d'une pure lumière blanche mouchetée de violet fluorescent sur les bords et en son centre.

Visualisez cette lumière entrer en vous par votre couronne, former une étoile au-dessus de votre tête, une autre au centre de votre front, au centre de votre cœur, une sur votre nombril et enfin une sous vos pieds.

Dites : « De toute ma volonté, en tant qu'être de lumière souverain, je dissous et désintègre maintenant tout contrat ou permission que j'ai pu donner consciemment ou inconsciemment, dans cette vie ou une autre, à un être qui ne m'aime pas inconditionnellement et qui s'attache à mon champ énergétique. Je me libère de tous ces êtres, des attachements et des inclusions dans toutes les dimensions de mon champ énergétique et de mon corps. Je les libère dans la paix et l'amour et brûle tous les contrats que j'ai pu faire en association avec eux, par la grâce divine et par mon propre libre arbitre. Qu'il en soit ainsi. »

Puis visualisez ou ayez l'intention de voir une douce lumière rose devant vous et ajoutez : « J'appelle les êtres aimants qui servent ce processus inconditionnellement de maintenir en place l'amour et la lumière. » Envoyez de l'amour à la lumière rose et dites : « À tous les êtres et les inclusions qui quittent maintenant mon champ énergétique, vous serez en sécurité, vous serez aimés, acceptés et nourris par cette lumière rose d'amour inconditionnel. Vous serez heureux ! Vous pouvez maintenant rejoindre cette lumière si vous le souhaitez, ou retourner à la Source de la Terre si vous préférez, mais vous devez quitter mon champ d'énergie définitivement. Par la grâce aimante de Kuan Yin et par ma propre volonté, qu'il en soit ainsi. »

Faites grandir l'amour, et quand il commencera à s'estomper, vous saurez que le processus se termine. Concentrez-vous sur la pure lumière blanche aux taches violettes s'écoulant à travers vous pendant encore trois respirations lentes.

PRIÈRE POUR LIBÉRER PAR LES PORTES DU PARADIS

Que tous les êtres soient libres et heureux ! Que tous les êtres soient libres et heureux ! Que tous les êtres soient libres et heureux ! Lokah Sumastar Sukinoh Bhavantu. Om Shanti, Shanti, Shanti. Om Mani Padme Hum.

13. ÉCOUTEZ LA MÈRE TIGRESSE JAUNE

Il nous faut parfois être forts et garder le cap quand tout autour de nous semble changer et se transformer. La Mère Tigresse Jaune – Kuan Yin dans son rôle de gardien – rugit en vous de son cri divin. Elle vous demande de l'entendre, de vous rappeler que vous êtes un puissant être de lumière, et même quand vous êtes pris dans le flot des forces universelles, que vos solides racines vous permettent de rester en paix avec votre vérité, debout dans votre lumière.

Dans notre abandon aux forces divines, il y a des moments où nous devons être flexibles et suivre le courant, et d'autres où le lâcher prise consiste en une force et un respect de nos valeurs intérieures. Nous savons que certaines vérités en nous sont dignes de nos efforts pour les respecter dans nos vies, comme la gentillesse, la compassion, le droit de chaque personne à la liberté spirituelle, à l'amour et au respect. La Mère Tigresse Jaune rugit en vous. C'est une ardente tigresse protectrice dont le jaune est la couleur dorée de force et de sagesse. Elle vous presse d'écouter son cri en vous et de vous faire confiance – vous savez quand vous devez tenir votre position et ne pas vous laisser déstabiliser !

Vous êtes plus courageux, solide et puissant que vous ne le croyez. Votre force n'est ni de l'entêtement ni de la résistance, c'est le fait de tenir fermement à ce que vous savez authentique au fond de votre cœur, et vous réaliserez avec le temps la sagesse de votre courage. Votre solidité est nécessaire en ce moment comme une protection qui fournit les nutriments à une jeune plante. Votre force et votre refus d'être détourné de vos convictions aident à la manifestation de vos rêves et soutiennent votre chemin supérieur. Permettez-vous d'entendre la Mère Tigresse Jaune qui vous offre le pouvoir, la force et la connaissance. Soyez courageux et authentique avec vous-même, ami très cher.

ENTENDRE LA MÈRE TIGRESSE JAUNE

Si vous ne pouvez pas exécuter cet exercice de manière physique, visualisez-vous en train de le faire.

Tenez-vous debout, les pieds au sol, fermement ancrés. Balancez-vous légèrement de droite à gauche et d'avant en arrière, en sentant le contact de vos pieds avec le sol, puis sautillez un peu sans les soulever complètement. Sentez pleinement votre connexion et votre poids dans vos pieds. Posez la main droite sur le plexus solaire, juste au-dessous de la cage thoracique, et la gauche sur le haut de la poitrine en disant : « Je suis un être de lumière courageux. Je suis aligné avec les forces universelles et la Vérité est mon principal allié. Je n'ai pas besoin de lutter ni de me défendre, je reste simplement droit dans ma vérité aujourd'hui et toujours, par la force de ma volonté. J'entends le cri de Kuan Yin, la Mère Tigresse Jaune en moi, qui émerge maintenant ! »

Si vous avez envie de rugir, faites-le ! Sortez la langue et sentez votre puissance intérieure. Que votre pouvoir soit, ami.

PRIÈRE À LA MÈRE TIGRESSE JAUNE

Kuan Yin, vénérée Mère Tigresse Jaune, j'ai besoin de force et de courage pour rester en accord avec moi-même et permettre à ma propre lumière de s'enraciner et de croître. Donnez-moi la puissance de l'esprit pour que je réalise que je possède aussi votre pouvoir en moi – c'est ma force, mon cœur plein de courage. Aidez-moi, vénérée Kuan Yin, à trouver mon propre courage et à installer la paix dans mon cœur. Je sens le rugissement de votre pouvoir et de votre force en moi et je comprends qu'il s'agit aussi de mon courage personnel ! Merci de m'aider à le réaliser, vénérée Tigresse. Om Mani Padme Hum.

14. TRÉSORS IMMORTELS

Vous possédez des Trésors Immortels de grande valeur. Ils existent par-delà la vie et la mort, ils appartiennent aux royaumes célestes de la présence divine en vous. Kuan Yin vous apprend aujourd'hui à respecter ces trésors, les dons de votre Âme, qui comprennent votre capacité à transmettre la guérison. Honorez le guérisseur en vous, ami très cher. Que ce soit de manière officielle ou bénévolement, votre Âme apporte une lumière spéciale de guérison à l'humanité. Vous avez le soutien divin dans ce rôle, de quelque manière – formelle ou informelle – que cela se déroule pour vous.

Chaque Âme est unique et précieuse à sa manière. Certaines ont le don de guérir. Vous en faites partie. Votre présence sur cette planète apporte lumière et espoir aux autres, parfois sans que vous en soyez conscient. Kuan Yin vous accompagne et vous guide pour vous ouvrir aux perceptions et à l'utilisation des Trésors Immortels en vous, la magnifique lumière et les dons de votre Âme divine.

Pensez seulement à prendre soin de vous également. Un récipient vide ne peut en remplir un autre. Il vaut mieux permettre à votre puits intérieur de se remplir spirituellement, de se ressourcer émotionnellement et physiquement par des soins équilibrés, avec un peu d'indulgence mêlée à une discipline douce et des limites qui vous protègent et vous rassurent. Pour trouver la meilleure façon de prendre soin de vous, explorez ce qui peut vous convenir : peut-être le yoga ou la méditation, un petit moment sacré au quotidien pour vous asseoir avec un cristal ou parler du fond du cœur avec votre guide, une cure de bien-être, un bon livre ou une sortie entre amis avec des fous rires assurés. Votre pouvoir de guérison y trouvera de nouveaux niveaux de capacité et de force si vous prenez bien soin de vous. Les Trésors Immortels de l'Âme doivent se partager dans le respect de vous-même comme des autres.

Cet oracle peut aussi indiquer qu'il serait bon d'explorer la question des soins si c'est un problème non résolu pour vous. Si vous avez envie de voir un thérapeute ou si vous songez à faire une pause loin d'une situation stressante, cette carte vous encourage à le faire. Vous avez peut-être simplement besoin de vous ressourcer en vous reposant quelque temps et elle vous aide à prendre en compte ce besoin. Vous pouvez aussi bénéficier, si cela vous dit, d'un soin avec une personne extérieure. Suivez votre intuition et permettez-vous de respecter votre lumière spécifique et votre besoin particulier de recevoir un soin rien que pour vous. Kuan Yin vous aidera à faire le bon choix. Les processus ci-dessous vous soutiendront pour recevoir son aide.

GUÉRISON PAR LES TRÉSORS IMMORTELS

Assis ou allongé dans un lieu paisible, de préférence avec une douce musique et le téléphone débranché, assurez-vous d'avoir assez chaud avant de fermer les yeux. Dites calmement : « Je remercie ce soin à tous les niveaux de mon être, dispensé par l'amour inconditionnel de Kuan Yin. Merci, vénérée déesse. Om Mani Padme Hum. »

Concentrez-vous sur la fluidité de votre respiration, puis voyez, sentez ou ayez l'intention de vous trouver immergé dans un océan de lumière vert émeraude. Celui-ci passe progressivement au bleu roi, puis au violet franc. Quand vous êtes prêt, la lumière devient dorée et vous entoure d'une spirale de motifs luxuriants.

À l'intérieur de la spirale de lumière, vous prenez conscience d'une collection de magnifiques trésors étincelant d'une beauté radieuse. Vous comprenez qu'ils sont faits de pure lumière et de conscience dont la danse prend forme. Sentez la joie dans votre cœur tandis que vous percevez la vivacité de ces trésors, qui brillent d'un feu divin intérieur. Sachez que ce sont des expressions de votre Âme et qu'ils sont immortels.

Quand vous êtes prêt, remerciez et ouvrez les yeux.

PRIÈRE AUX TRÉSORS IMMORTELS

Vénérée Kuan Yin, je désire ressentir au plus profond de mon être la compassion que vous avez pour moi comme pour les autres, accepter de combler mon besoin de bien-être et de plénitude, recevoir la guérison avec grâce et gratitude. Je m'ouvre à la réception totale, j'active et je fais briller les Trésors Immortels de mon Âme divine. Aidez-moi, mère vénérée, à faire tout cela avec amour, grâce et confiance. Om Mani Padme Hum.

15. DÉESSE CYGNE D'IVOIRE

La Déesse Cygne d'Ivoire parle de grâce et de pureté spirituelles. La lumière de votre Âme ne faiblit jamais, ami très cher. Abandonnez la culpabilité, la honte, le jugement et la peur de ne pas être assez bien, afin de réaliser votre beauté, d'être davantage vous-même et d'éclairer le monde de l'essence divine qui vous caractérise.

Ne détournez pas les yeux de votre propre lumière intérieure divine dans toute sa pureté et son éclat, chère Âme. Vous trouvez peut-être plus facile de croire à l'illusion du péché et de l'indignité plutôt qu'à la réalité de votre innocence spirituelle, et pourtant tout comme la pureté, la beauté et la grâce de la Déesse Cygne d'Ivoire, votre Âme est lumineuse, pure et éternellement emplie de grâce.

Vous êtes appelé à reconnaître l'énergie divine en vous sans négliger la considération et l'acceptation de vous-même. Il est temps d'accepter plus largement votre divinité, d'être présent à votre pure lumière intérieure au lieu d'essayer de l'ignorer, de la minimiser ou de regretter qu'elle ne soit pas meilleure.

Qu'importe ce qui s'est passé dans votre vie, quelles expériences ou quels choix vous avez faits, la lumière de votre Âme est aussi pure que la Source divine elle-même, puisque c'est ce qu'elle est essentiellement ! Vous n'avez besoin d'aucune honte spirituelle ni de sentiments d'inaptitude. La lumière en chacun de nous est exactement la même. Nous sommes seulement à des niveaux différents de compréhension.

Kuan Yin, la Déesse Cygne d'Ivoire, souhaite vous accorder la grâce divine, chère Âme, pour assister votre croissance spirituelle à ce moment important de votre voie. Pour que cela se fasse, vous devez le vouloir et accepter de la recevoir.

Si vous choisissez de laisser la honte n'être qu'un sentiment et l'abandonnez, si vous choisissez de ne donner aucun pouvoir au jugement, à la condamnation ou à la critique de vous-même par qui que ce soit, y compris vous, vous suivez le chemin de la reconnaissance de la pureté essentielle de l'Âme en chacun. C'est une voie paisible et joyeuse. Vous finissez par voir Dieu et la Déesse vous sourire chez les personnes, dans les situations et les expériences les plus improbables. Vous ouvrez votre cœur pour recevoir la grâce que la vénérée Kuan Yin souhaite partager avec vous pour vous aider à vivre plus joyeusement cet état de souvenir spirituel. Permettez-lui de vous bénir en vous rappelant la pureté spirituelle de votre être, sans jugement, sans tache ni défaut.

GUÉRIR AVEC LA DÉESSE CYGNE D'IVOIRE

Prenez un crayon et votre journal, trouvez un lieu tranquille et privé et asseyez-vous pour écrire une lettre à vous-même à partir de votre Être Supérieur fait d'amour inconditionnel. Cette lettre est destinée à affirmer que vous vous aimez maintenant d'un amour sans limites, sans jugement ni condamnation d'aucune sorte et que vous vous pardonnez dorénavant d'être un humain qui a besoin d'apprendre des leçons, que vous êtes prêt à libérer la honte et la culpabilité pour mieux devenir celui que vous êtes en réalité. Vous pouvez noter des affirmations supplémentaires sur l'acceptation et l'amour inconditionnels de votre Âme. Tant pis si vous ne croyez qu'à moitié ce que vous écrivez – cela viendra avec le temps, et pourquoi ne pas commencer à cultiver votre capacité supérieure d'acceptation à ce propos ?

Dites avec douceur : « Vénérée Kuan Yin, vous avez connu la trahison, le viol et l'incompréhension de votre vivant, et pourtant vous vous êtes élevée comme une Âme de compassion et de pure lumière, comme un être de grâce, une Déesse Cygne d'Ivoire. Je vous demande de prendre note de cette lettre de mon Âme et de m'aider à ouvrir mon cœur pour recevoir votre grâce. »

Lisez ensuite à haute voix et avec amour ce que vous avez écrit. Si des sentiments émergent, laissez-les venir et repartir sans attachement de peur, permettez-vous simplement de les laisser s'évaporer. Imaginez ensuite la pure lumière de Kuan Yin sortant de vous, de plus en plus vive, déployant légèrement les ailes blanches d'un cygne dans une douce lumière d'un ivoire crémeux. C'est la guérison de l'Âme au sein de votre propre cœur. Vous pouvez compléter ce travail par la lecture de la prière ci-dessous.

PRIÈRE À LA DÉESSE CYGNE D'IVOIRE

Vénérée Kuan Yin, Mère de Paix, Beauté de Compassion, la Lumière en vous est la même en moi ! Aidez-moi à être en paix avec ma pureté et mon innocence éternelles. Déesse Cygne d'Ivoire, aidez-moi à abandonner les anciennes expériences et croyances de honte, de condamnation et de jugement de soi qui ne me servent plus à rien. J'accepte et je respecte maintenant totalement et complètement que la Lumière en vous soit la même lumière divine en moi. Om Mani Padme Hum.

16. VIERGE MA GU

La Vierge Ma Gu, Déesse du Printemps, de la transformation et de la guérison, vous apporte son assistance. Elle vous demande d'accepter que la lumière puisse aussi provenir des recoins les plus sombres. En fait, il nous faut parfois pénétrer dans les endroits secrets de nous-mêmes pour trouver exactement ce que nous cherchons et grandir dans la paix, la joie et l'accomplissement créatif. Le défi est de conserver la certitude que nous pouvons sortir de ce coin sombre. Comme le printemps suit toujours l'hiver, un travail intérieur avec l'ombre en soi précède une magnifique renaissance.

La Vierge Ma Gu, expression immortelle de la Mère Divine de l'Est, vous transmet un message spécial de Kuan Yin. Elle vous aide à comprendre que si vous pénétrez dans l'obscurité des parties inconnues de vous-même, vous émergerez dans la lumière, rassemblé en une nouvelle naissance. Si vous traversez une période difficile mais que vous acceptez de grandir, la Vierge Ma Gu vous assure que l'ordre et la lumière sortiront du chaos au bon moment. Gardez confiance et continuez à progresser !

Pour grandir spirituellement, il est des moments où nous sommes obligés de plonger à l'intérieur de nous-mêmes pour débusquer la noirceur. Il est plus facile d'en percevoir les effets que de la trouver. Ces effets sont les jugements, positifs ou négatifs, que nous portons sur ceux que nous ne croyons pas reliés à nous personnellement. Il nous arrive d'admirer ou de mépriser à l'extrême des caractéristiques ou des traits de caractère chez quelqu'un d'autre, et pourtant lorsque le jugement se fait jour, c'est une partie de nous qui cherche à s'exprimer et à s'intégrer en attirant notre attention. Le fait de remarquer nos jugements est le moyen le plus rapide d'entrer en contact avec notre part d'ombre qui essaie de progresser et d'émerger à notre conscience pour que nous devenions plus complet, libre et divin comme nous sommes censés l'être ! C'est particulièrement vrai si vous avez tiré la carte de la Vallée des Ombres pour compléter celle de la Vierge Ma Gu.

Votre jugement peut être une forte réaction envers une personne qui paraît égoïste et narcissique. La part d'ombre qui tente de communiquer avec vous à travers ce jugement peut être une partie de votre conscience qui aimerait soutenir plus fortement votre personnalité. Elle ne permet plus que vous passiez après les autres, alors elle vous encourage à vous exprimer et à marquer votre place de votre présence !

L'admiration du talent d'un autre avec une forte réaction ou un jugement positif ou négatif peut provenir de votre propre psychisme qui veut grandir et s'exprimer avec autant de confiance et de liberté.

Le nombre de merveilles qui se cachent dans les parties de nous-mêmes inconnues de notre conscient est absolument surprenant. Il y a aussi bien la colère, la peur, la jalousie ou la honte cachées dans nos recoins secrets. Si nous pouvons autoriser ces sentiments à émerger en douceur et à disparaître sans crainte, la beauté cachée au-dessous se révèle ensuite.

Vous êtes guidé par Kuan Yin, la Mère Divine, vers la Vierge Ma Gu pour réaliser qu'une partie de vous tente d'émerger. Peut-être jugez-vous les autres sur une question ou une caractéristique qui vous paraît plus répétitive ou plus remarquable que d'habitude ? Vous avez besoin de sentir quelle est la beauté dissimulée sous ces jugements, car elle cherche à se frayer un chemin vers votre conscience éveillée pour vous apporter une nouvelle connaissance de vous-même à apprécier et à partager avec autrui. Soyez patient et gardez l'esprit ouvert en attendant que l'intuition vous aide à comprendre ce qui grandit en vous et déclenche ces jugements. Si vous voyez la colère chez les autres, c'est un désir intérieur de devenir plus direct et de reconnaître les besoins qui grandissent en vous. L'Ombre détient une grande beauté sous-jacente qu'il ne faut pas craindre.

La bénédiction spéciale de la Vierge Ma Gu vous pousse à réaliser que vous allez bientôt connaître le printemps du renouveau au terme de ce processus. L'entrée dans nos parties sombres peut s'assimiler à la traversée d'un hiver spirituel – tout est noir et la solitude d'un voyage au fond de soi n'engage pas à s'y attarder ! Permettez au processus qui s'empare de vous de vous apporter davantage de lumière. Ne craignez rien ! On ne vous a pas habitué à vous voir comme un être puissant, spirituel, mélomane, créatif, talentueux et en bonne santé par le passé, mais maintenant vous êtes prêt à embrasser toutes ces qualités. Faites confiance à la vénérée Kuan Yin car ces énergies ne s'expriment que si le psychisme est vraiment prêt.

Cette carte indique également que si vous avez un projet, que ce soit une guérison de soi, un travail sur l'ombre ou un projet créatif, si vous voulez travailler auprès d'enfants, dans le rebirth ou dans les conduites créatives en général, tout se mettra prochainement en place pour se concrétiser.

GUÉRISON AVEC LA VIERGE MA GU

Assis confortablement, fermez les yeux.

Imaginez que vous êtes avec la belle Déesse du Printemps, Ma Gu, son panier de fleurs fraîches s'éparpillant autour de vous. C'est une belle journée de printemps et vous êtes dans un champ de fleurs sacré. Elle montre quelque chose devant vous et vous remarquez une silhouette qui s'approche.

C'est vous dans le futur, plus uni et complet, portant un message de votre meilleur avenir possible. Laissez cette partie de vous s'exprimer, vous donner de l'amour et tout conseil qu'il vous est utile de recevoir aujourd'hui. Vous n'entendez peut-être pas des mots, mais vous voyez l'amour dans ses yeux qui se reflètent dans les vôtres ou vous pouvez imaginer que les deux parties de vous se touchent mutuellement le cœur, une main sur la poitrine de l'autre.

La Vierge Ma Gu parsème ses fleurs autour de vous deux, et quand vous êtes prêt, suivez la respiration pour revenir dans votre corps d'ici et maintenant. Restez assis un moment dans la paix, sans penser, puis ouvrez les yeux.

PRIÈRE DE GUÉRISON DU PRINTEMPS AVEC KUAN YIN ET LA VIERGE MA GU

Vénérées Kuan Yin et Déesse Ma Gu du Printemps, merci pour votre aide aimante et inconditionnelle. Je demande à recevoir de l'aide pour me connaître en totalité et permettre à cette partie de moi qui cherche à s'exprimer maintenant d'émerger à ma conscience d'une manière aimante et libératrice. Que je connaisse et laisse vivre toutes les parties de moi, que ma vie soit emplie de lumière, d'énergie et de chaleur comme le printemps après l'hiver, pour le plus grand bien de tous. Om Mani Padme Hum !

17. DÉESSE AUX MULTIPLES MAINS

La Déesse Kuan Yin offre sa bénédiction aux multiples projets et aux différentes parties de votre vie et de votre conscience. Elle ne se limite pas à une tâche à la fois. Ne craignez pas de vous abandonner à sa sagesse et à son génie créateur dès maintenant, car elle souhaite vous aider à accomplir de nombreuses choses !

Nous créons souvent en nous concentrant sur un projet à la fois, en l'accompagnant jusqu'à son terme avant de passer à un autre. Parfois, notre attention se disperse parmi de nombreux projets, surtout si nous avons une grande énergie créative naturelle à disposition. Vous vous demandez si vous n'êtes pas trop éparpillé pour être productif, si votre énergie de création ne se dissipe pas à naviguer ainsi d'une œuvre à une autre sans en terminer aucune !

La Déesse Kuan Yin vous conseille d'abandonner vos craintes et de la laisser vous guider. Quand vous avez très envie de travailler sur un projet, de vous y attarder, faites-le. Quand vous avez besoin de vous en éloigner et de prendre du repos, arrêtez. La pause est faite pour vous recharger, trouver une autre perspective et revenir à votre œuvre en étant plus productif. C'est un moment essentiel du processus ! Sachez que Kuan Yin vous ressource, vous guide et vous indique la marche à suivre au travers de vos intuitions, afin que vos projets et désirs créatifs se manifestent dans la plus grande sagesse, dans l'ordre et le synchronisme. Ne craignez pas d'avoir plusieurs travaux sur le gril, laissez faire Kuan Yin et suivez ses impulsions avec foi. N'ayez pas peur de laisser attendre des projets, même s'ils semblent vous échapper quelque temps, car ils repartiront au moment opportun, peut-être sous une forme améliorée et plus en phase avec votre essence divine.

Avec les nombreuses mains de la Déesse pour vous assister, votre cœur confiant vous fera accomplir plus que vous n'imaginiez, aidé par l'Univers de manière visible et invisible.

GUÉRIR PAR LES MULTIPLES MAINS DE LA DÉESSE

Fermez les yeux et percevez une Déesse Kuan Yin aux bras multiples brillant puissamment au-dessus de votre couronne. Choisissez de vous élever vers elle pour la rencontrer. Dites-lui : « Divine Mère aux Bras Multiples, bénissez mes projets et désirs pour qu'ils se manifestent dans l'amour inconditionnel et pour le plus grand bien de tous. Je m'abandonne à votre sagesse et à votre pouvoir créateur. Je crois en vos conseils du fond de mon cœur. Namasté, vénérée Mère. Om Mani Padme Hum. »

Tendez-lui vos désirs, projets et concrétisations et voyez-la les prendre l'un après l'autre dans ses nombreuses mains. Prenez conscience qu'elle vous bénit sur la couronne, sur le front et le cœur avec trois autres de ses mains sacrées.

Pensez : « Merci ! » et quand vous êtes prêt, ouvrez les yeux. Restez à l'écoute de votre cœur et faites confiance à vos impulsions au cours des jours, semaines et mois suivants, et vos créations seront sublimes.

PRIÈRE AUX MULTIPLES MAINS DE LA DÉESSE

Mains qui soignent et bénissent, mains qui apaisent et renforcent, mains qui guident et protègent, Om Kuan Yin, Mère de Pitié et de Compassion aux Bras Multiples, je reçois maintenant vos bienfaits et votre assistance pour mon plus grand bien. Om Mani Padme Hum.

18. MÈRE ARDENTE

La Mère Ardente est votre gardien. Rien ne peut pénétrer le feu passionné de son amour intrépide. Ami, votre sécurité est assurée. Dans les difficultés et les dangers, qu'importe la menace apparente et l'insécurité que vous puissiez ressentir à avancer sur votre chemin spirituel, sachez que vous n'avez rien à craindre, car vous êtes protégé et aimé.

Chère Âme, vous avez grandi spirituellement et cela fait parfois réagir votre entourage. Les réactions peuvent se montrer aimantes et encourageantes, vous poussant à continuer. De nombreuses personnes choisissent de suivre votre exemple. Mais d'autres réactions au taux vibrationnel moins élevé se font jour également, porteuses de peur, de jalousie, de colère et d'insécurité. Celles-ci s'expriment pour être soignées. Pour vous, la guérison tient dans la manière dont vous choisirez de vous autoriser à briller sans vous laisser affaiblir par le processus de développement des autres. Pour eux, elle fait partie de leur chemin de vie et vous leur offrez un grand service. Sachez que vous n'avez rien à craindre, que la peur ne vous retienne pas.

Rien n'échappe à l'observation de la vénérée Kuan Yin. En tant que Mère Divine de protection et de compassion ardente, elle voit tout, sait tout et bénit tout. Elle peut vous élever au-delà des peurs et des menaces, dans un lieu où règne l'unité avec l'amour divin qui vous éloigne des dangers potentiels et vous garde en paix.

Pour bénéficier au mieux de sa protection, vous devez faire confiance à sa Lumière et comprendre qu'elle brille en vous par votre propre lumière intérieure, qu'elle et vous ne faites qu'un en vérité. Avec cette perspective, vous réalisez que vous avez toujours le droit de dire non à toute énergie de peur ou de doute qui tente de vous déstabiliser. Le tort que l'on cause vient des basses vibrations. Il n'y a pas lieu de les craindre, mais d'y répondre avec assurance et compassion. Kuan Yin vous aide maintenant à conserver votre paix intérieure face à l'énergie basse, afin que vous puissiez rester calme et accepter l'essence divine de toute existence, même lorsque la divinité semble lourdement voilée. Elle vous aide aussi à affirmer que seules les vibrations d'amour inconditionnel sont les bienvenues dans votre champ énergétique.

GUÉRISON AVEC LA MÈRE ARDENTE

Asseyez-vous confortablement et dites à haute voix : « J'appelle l'amour inconditionnel et la protection divine de Kuan Yin en tant que Mère Ardente. » Percevez ou visualisez un immense cercle de feu au centre duquel se trouve une magnifique déesse, assise en posture de méditation, avec des visages qui voient tout et de multiples bras ondulant autour d'elle. Elle voit, protège et bénit dans toutes les directions. Imaginez que son chakra du cœur brûle d'un feu paisible au centre de son être, et que vous y entrez. Voyez toutes les peurs et les dangers, les menaces et les attaques se consumer dans le brasier. Sentez la paix dans son cœur et dans le vôtre. Dites à haute voix : « Je m'abandonne à la lumière et à la protection du cœur de la Mère Divine, ardente d'amour et de compassion, car aucun mal ne peut perturber sa paix. Om Mani Padme Hum. Om Mani Padme Hum. Om Mani Padme Hum. »

PRIÈRE À LA MÈRE ARDENTE

Prenez-moi dans votre cœur, vénérée Kuan Yin ardente d'amour, là où le feu de la paix brûle pour l'éternité. Que je sois béni dans la paix et la protection maintenant et à jamais, que je ressente la protection aimante de votre conscience dans mon cœur. Om Shanti, vénérée Mère. Om Mani Padme Hum.

19. MÈRE DE MISÉRICORDE

Comme un soleil éclatant qui renforce les ombres, votre pouvoir spirituel grandissant doit s'exprimer en sachant qu'il aura un effet sur les autres, même si vous n'êtes pas totalement conscient de cette réaction. Pour que la paix soit dans l'expression de votre pouvoir, nous appelons la Mère de Miséricorde. Elle tempère votre grande énergie par la douceur, la gentillesse, la compassion et la sollicitude. La Déesse Kuan Yin vous offre en cadeau les qualités de la miséricorde pour vous encourager à la cultiver dans vos relations aux autres ainsi qu'envers vous-même.

Le don de miséricorde vient à nous quand nous sommes sans autre recours. Peut-être sommes-nous égarés, incapables de trouver notre chemin ou peut-être avons-nous causé une réaction grave autant qu'inattendue, en bien ou en mal. Peut-être même avons-nous causé une telle situation directement, sans intention ni malveillance, mais nous avons simplement agi d'une certaine manière parce que nous n'avions pas encore la sagesse de l'éviter. Peut-être encore avons-nous suivi des conseils qui nous ont menés dans l'ombre pour nous apprendre quelque chose et nous sommes un peu coincés ! Peut-être avons-nous causé du tort aux autres par notre inconscience. Nous souffrons sans doute d'une leçon karmique pesante de cette vie ou d'une autre et notre Âme s'efforce d'intégrer vraiment la leçon pour s'en libérer et continuer son chemin. Peut-être sommes-nous dans une situation où nous avons du pouvoir sur quelqu'un d'autre (parent, enseignant, employeur ou thérapeute). Nous sommes peut-être dans une position moins évidente où nous tirons parti de l'affection d'une personne pour obtenir ce que nous voulons. Toutes ces situations appellent la miséricorde divine.

Celle de la Mère céleste nous emmène en un lieu où nous cessons le cycle des manipulations, de l'inconscience et de la méchanceté. La prière pour la miséricorde est puissante. Kuan Yin verse le nectar de son vase ivoire dans les cœurs de ceux qui font appel à elle. Si vous êtes dans une situation d'impuissance ou de pouvoir excessif, si vous souffrez de manipulation et de peur, si vous luttez, souffrez ou faites souffrir, appelez la Mère de Miséricorde. Cet oracle vous demande d'accepter son cadeau spirituel. Même si la situation ne semble pas trop dramatique, ce don abolira toute escalade karmique et empêchera la situation d'empirer. Il aidera aussi à détruire les effets négatifs déjà produits. Cette assistance spirituelle est offerte à l'humanité depuis un lieu de douceur, de respect bienveillant et de grand pouvoir spirituel. Merci à Kuan Yin, Mère de Miséricorde qui veille sur nous de son amour attentif et suit notre développement spirituel.

GUÉRIR AVEC LA MÈRE DE MISÉRICORDE

Allongez-vous confortablement, les yeux fermés, et prenez conscience de votre cœur. Imaginez une douce lumière ivoire en son centre. C'est le vase de Kuan Yin qui contient le nectar de miséricorde. À l'intérieur se trouve la plus belle lumière liquide. Vous remarquez une main blanche qui soulève doucement le vase. Kuan Yin verse quelques gouttes de son précieux nectar dans votre cœur en psalmodiant délicatement : « Om Mani Padme Hum. » Laissez la miséricorde s'écouler dans votre cœur, le purifier et le guérir afin qu'il s'ouvre comme une fleur de lotus.

Dans le silence de votre esprit ou à haute voix, répétez ce qui suit : « Par la grâce de Kuan Yin et par mon libre arbitre, je reçois la guérison du nectar divin de la miséricorde. Merci, Mère vénérée. »

Quand vous êtes prêt, prenez conscience de vos pieds, imaginez-vous debout, bien enraciné au sol, ou prenez le temps de vous relever. Voyez le nectar de miséricorde imprégner votre corps jusqu'à ses extrémités. Quand vous êtes prêt, sautillez légèrement avant d'ouvrir les yeux.

PRIÈRE À LA MÈRE DE MISÉRICORDE

Mère de Miséricorde aimée de mon Âme,
votre nectar offre une paix et une joie indicibles.
J'ouvre mon cœur à cette paix et à cet amour infinis
que la grâce de Kuan Yin me fait atteindre.
Om Mani Padme Hum.

20. NECTAR DU LOTUS

La Mère Divine souhaite que ceux qui s'occupent des autres soient rassasiés aussi ! Votre dévotion à soigner les autres étreint le cœur cosmique de la Mère Divine. De là s'écoulent les gouttes d'énergie du nectar de douceur, de soutien et d'encouragement qui vous nourrit et vous permet de sustenter de nombreuses Âmes. Comme un calice sacré qui déborde, quand vous êtes comblé, plein de vie et de santé, soigner les autres se fait sans efforts. Vous pouvez vous ressourcer maintenant grâce au nectar divin issu du cœur de la Mère.

Il existe une réserve infinie d'énergie, de joie, de paix, d'amour et de bonheur qui s'écoule du cœur de la Mère Divine Kuan Yin. Pourtant, nous ressentons souvent des limites au lieu d'une abondance sans fin. Ces limites sont un bienfait caché. Elles peuvent signifier que notre esprit et notre vie émotionnelle ont besoin d'aide pour passer de l'idée de manque à celle d'abondance. Quand nous y parvenons, nous nous détendons et puisons plus facilement dans ce qui comble nos besoins au lieu de percevoir la restriction. Une limite ou blocage de notre flux d'énergie nous montre que notre système nerveux a besoin de temps pour s'adapter à la réception des fortes intensités de courant spirituel et pour s'habituer à une existence plus joyeuse aux vibrations plus élevées. La restriction de notre énergie indique que nous avons tellement concentré notre attention sur le don aux autres que nous oublions de faire partie du cœur divin que nous cherchons à incarner ; il faut retrouver l'équilibre en cessant nos activités pour retourner cette attention sur nous.

Quand nous rencontrons une limite quelconque, que ce soit pour revenir à l'équilibre ou parce que nous accédons à un nouveau niveau de croissance et de réalisation spirituelles, il est sage de recevoir le nectar divin pour nous ressourcer et nous soutenir, en respectant les conseils dissimulés dans la limite qui s'impose. Quand elle aura rempli son rôle, celle-ci disparaîtra d'elle-même.

Le nectar divin est notre énergie vitale, c'est la force de vie et le carburant de toute croissance. Il est fait de paix, de pouvoir, d'abondance, d'amour et de grâce divine. Il existe dans le monde physique et dans les mondes spirituels qui interagissent éternellement par la vie de l'Univers. Quand notre *chi* ou force vitale est ressourcée, nous sommes plus créatifs, satisfaits et heureux. Nous nous acceptons mieux ainsi que les autres et vivons en meilleure harmonie avec la nature et la volonté divine. C'est un mode de vie plus agréable, dans l'équilibre et avec suffisamment de *chi*, plutôt que de persévérer dans l'effort alors que nous sommes plus productifs quand nous nous aimons assez pour arrêter de courir, prendre du repos et nous regonfler en énergie.

C'est quand nous sommes en connexion que nous récupérons le plus de *chi*. Autrement, c'est comme essayer de tirer de l'électricité d'une prise de courant déjà occupée ! Kuan Yin vous guide aujourd'hui pour votre guérison, en vous demandant d'écouter vos besoins. Quelle partie de vous nécessite une meilleure connexion : vos émotions, votre corps ou votre esprit ? Qu'est-ce qui vous apporterait le plus de joie et de bien-être : de l'exercice, une méditation ou les deux ? Avez-vous besoin de temps pour vous retrouver seul ou plutôt pour visiter vos amis et votre famille ? Imaginez que vous passez un moment dans la nature. Quel type de paysage vous conviendrait le mieux : les arbres, l'océan, la montagne, un grand champ de fleurs éclatantes, de riches graminées sous un soleil d'été ou une forêt fraîche et sombre à la végétation luxuriante ?

Le simple fait de prendre conscience de ce qui vous ferait du bien à tel ou tel moment ouvre votre cœur pour recevoir le nectar divin qui cherche à vous nourrir et à vous ressourcer. Prenez un moment pour réfléchir à vos besoins car cela renforce la conscience de soi et accroît la capacité à savoir consciemment ce qui nous convient. C'est essentiel pour être capable de cultiver le *chi* et vivre plus heureux. C'est un tel intérêt pour vous-même qui vous permettra de partager le nectar du lotus. La Mère Divine veut vous aider et vous pouvez l'encourager en prenant soin de vous !

GUÉRIR AVEC LE NECTAR DU LOTUS

Assis dans le calme, dites à voix haute : « Je fais appel à la grâce de Kuan Yin et à mon propre libre arbitre. Je choisis maintenant d'abandonner tout attachement, corde ou mémoire me reliant à quelque personne, lieu ou objet que ce soit ainsi qu'à toute vie antérieure qui draine mon énergie en ce moment. Je choisis de libérer ces attachements de mon corps et de mon champ énergétique ! Qu'il en soit ainsi. Om Mani Padme Hum ! » Inspirez et expirez puis terminez en prenant conscience du centre de votre cœur. Recommencez trois fois.

Restez tranquillement assis et imaginez au-dessus de votre tête une fleur de lotus en or massif. Alors que vous vous concentrez sur votre chakra du cœur, envoyant de l'amour à cette fleur, une gouttelette de pure énergie dorée, de nectar divin, tombe sur votre tête et la traverse pour se diffuser dans votre corps, à l'endroit qui en a le plus besoin. Prenez votre temps et restez dans la quiétude un moment, à recevoir.

PRIÈRE AU NECTAR DE LOTUS

Vénérée Kuan Yin, aidez-moi à réaliser la connexion à moi-même et à la Vie afin que je puisse rester au niveau des vibrations les plus hautes pour être bien, ressourcé, joyeux et connecté au flot d'énergie divine et de force vitale de notre Univers. Conseillez-moi clairement sur les moyens de recevoir le nectar du lotus, la force de vie et l'amour de la Mère Divine, pour mon plus grand bien. Qu'il en soit ainsi. Om Mani Padme Hum.

21. PRÊTRESSE ORCHIDÉE DU DESTIN

La Prêtresse Orchidée de votre plus haute destinée vous appelle, ami très cher. Elle s'intéresse à votre but, à votre voie et à la passion de votre Âme. Vous êtes appelé à vous élever de plus en plus, à atteindre votre potentiel dans toute sa beauté et son originalité. Elle vous appellera toujours de sa douce flûte jouant au fond de votre cœur, des fleurs d'orchidée et de chrysanthème tombant de ses pieds, vous poussant à combler la passion de votre Âme.

Vous avez souvent dû vous sentir différent des autres. C'est normal, ami très cher. Vous ne pouvez pas être un pionnier de la nouvelle conscience sur cette planète si vous êtes totalement à l'aise avec celle qui existe déjà autour de vous ! Savez-vous que c'est fait exprès pour que vous soyez efficace ? Votre Âme a choisi de servir en se trouvant décalée, afin de se souvenir à travers les choses qui « vont de travers » qu'elle est censée corriger et aider la conscience planétaire, en commençant par vous-même. Une fois que la personnalité est capable de rectifier et d'aligner la conscience intérieure pour intégrer l'amour et la paix qui règnent au fond du cœur, il devient plus simple d'aider les autres à faire de même, parfois uniquement par l'exemple.

C'est là où la Prêtresse Orchidée du Destin, la vénérée Kuan Yin, vous demande d'avancer maintenant car elle est dévouée à votre plus haute réalisation spirituelle. Oui, ami très cher, votre destinée divine vous attend. Cela signifie qu'il est temps de vous retirer de la conscience de masse qui est au niveau le plus bas qu'elle ait jamais atteint, de vraiment abandonner les croyances et les formes-pensées qui ne servent plus votre destin supérieur, même si elles semblent incontestables à première vue. Il est temps de revoir tout ce qui vous empêche de prendre possession de votre pouvoir spirituel et d'avancer sur votre destinée divine.

C'est votre propre destin qui vous prie d'avancer. N'ayez crainte, ce n'est que Vous qui souhaitez vous rencontrer dans toute votre puissance et votre beauté spirituelle ! Prenez les changements à bras le corps et vous pourrez bientôt apprécier ces retrouvailles dans la spirale de la propre évolution de votre vie spirituelle. La flûte et les fleurs de la Prêtresse Orchidée vous assistent maintenant dans ce processus.

GUÉRIR AVEC LA PRÊTRESSE ORCHIDÉE DU DESTIN DIVIN

Imaginez-vous debout au centre d'une spirale qui s'étire au-dessus et au-dessous de vous. Près de vous luit doucement la Déesse Kuan Yin. Des boutons de fleurs tombent autour d'elle, des orchidées sont brodées sur ses vêtements et elle joue une douce mélodie à la flûte directement dans votre cœur.

En regardant vers le bas, vous remarquez votre ancienne place vibrationnelle et voyez le chemin parcouru spirituellement depuis des mois et des années. Bravo !

Vous regardez vers le haut, et non seulement vous voyez où vous devez aller mais vous sentez également un attrait au fond du cœur pour vous aider à y accéder.

En écoutant Kuan Yin jouer de la flûte dans votre chakra du cœur, vous vous sentez capable de monter facilement, car votre cœur grandit quand vous atteignez le niveau suivant de la spirale.

Dites-lui : « Merci Kuan Yin, Prêtresse Orchidée du Destin Divin, merci pour votre assistance d'amour inconditionnel qui m'aide à m'élever jusqu'à la phase suivante de ma destinée divine, que j'étreins de tout mon cœur ! Qu'il en soit ainsi ! Om Mani Padme Hum ! »

Sentez-vous sur le palier suivant de la spirale et prenez le temps de quelques respirations. Vous entendez la flûte de la Prêtresse Orchidée comme si elle jouait maintenant depuis le centre de votre cœur et vous vous sentez plus à l'aise à ce niveau de votre spirale spirituelle. Prenez conscience d'une sensation issue du cœur qui s'écoule des deux côtés de votre corps, dans les hanches, les jambes et les pieds d'une part, et vers le haut du corps, dans la poitrine, les bras, le cou et la tête d'autre part. Ramenez votre conscience dans le cœur et quand vous êtes prêt, ouvrez simplement les yeux.

PRIÈRE À LA PRÊTRESSE ORCHIDÉE DU DESTIN

Mon destin est dans mon cœur et vous me guidez vers ses profondeurs, vénérée Prêtresse Orchidée, afin que je ne puisse manquer ce qui est divinement orchestré pour moi ! Cela me trouvera toujours ! Dans la paix de mon cœur, je reçois maintenant ce qui me guide avec un amour inconditionnel vers la plénitude et l'expression de mon être divin. Om Mani Padme Hum.

22. PRINCESSE DES MOISSONS D'AUTOMNE

La Princesse des Moissons d'Automne offre des récompenses et des bienfaits pour les efforts et les actions du passé. C'est le moment de récolter les fruits mûrs du travail. Un bienfait de valeur est en préparation pour vous. Il peut se manifester sous forme d'un don spirituel, d'une opportunité, d'une averse d'abondance, d'une relation ou d'une amitié importante, ou autre. La gratitude au cœur, vous reconnaîtrez ce qui vous viendra et vous servira à la perfection. Soyez ouvert pour le recevoir, sachant que c'est mérité.

Un bienfait divin vient à vous en ce moment. Cela peut être une réalisation attendue qui fera chanter votre cœur et s'élancer votre esprit. Cela peut aussi être un bienfait caché qui vous mène à cette ouverture du cœur de manière moins évidente. Nous ne comprenons pas toujours que nous recevons une bénédiction, quand elle intervient pour empêcher un événement fâcheux capable de nous causer de la peine ou de la souffrance, de nous distraire de notre route et d'abaisser notre vibration quelque temps. Nous réalisons seulement après coup qu'une grande douleur nous a été épargnée. Nous ne savons pas le plus souvent à quel point nous sommes aimés et protégés dans ces moments précieux où nous recevons des bénédictions déguisées.

Pour être ouvert à recevoir davantage de bienfaits dans votre vie, dont la plupart sont disponibles dans l'amour et la compassion illimités des êtres spirituels qui nous entourent en permanence, commençons par cultiver un état d'esprit « béni ». Le fait d'autoriser à vivre dans votre cœur la Princesse des Moissons d'Automne, la vénérée Kuan Yin aux cadeaux de grâce, de bénédiction et de récompense, vous aidera à atteindre cet état. Le meilleur moyen d'y parvenir est de ressentir la gratitude au cœur le plus souvent possible. Même si vous n'êtes pas sûr de la raison pour laquelle votre vie se déroule de telle ou telle manière, imaginez que derrière chaque circonstance se trouve la main divine de votre magnifique Être Supérieur, assisté par Kuan Yin, qui vous guide vers votre bonheur.

Ce bienfait qui vient à vous est une récompense spécifique pour vos efforts et votre travail intérieur de ces derniers temps. Cela ressemble à quelque chose de précieux qui vous est offert par un univers bienveillant, et d'ailleurs c'est le cas. Gardez la foi, soyez ouvert et recevez, ami très cher. Le temps est venu pour vous de récolter.

RECEVOIR LES BIENFAITS DIVINS DE LA PRINCESSE DES MOISSONS D'AUTOMNE

Asseyez-vous avec votre journal intime et prenez le temps de centrer votre attention dans le cœur, puis dites : « Vénérée Kuan Yin, Princesse des Moissons d'Automne, aidez-moi à me concentrer totalement dans mon cœur. Om Mani Padme Hum. »

Quand vous sentez la connexion, dites encore : « Je suis très reconnaissant pour les bienfaits qui me parviennent en ce moment, plein de gratitude car je reconnais facilement cette bénédiction et la reçois le cœur grand ouvert. Merci pour votre assistance divine et votre amour inconditionnel ! »

Quand vous êtes prêt, écrivez dans votre journal ce qui vous passe par l'esprit pendant quelques instants. Ne pensez pas, ne faites qu'écrire ou dessiner. Si vous ne sentez rien, c'est égal, récitez la prière ci-dessous, mais vous pouvez aussi recevoir des conseils ou des messages de nature bienveillante. Permettez-leur simplement de s'écouler en vous.

PRIÈRE DE GUÉRISON DIVINE PAR LA PRINCESSE DES MOISSONS D'AUTOMNE

Je suis divinement béni, mon cœur est tellement plein de bénédiction qu'il déborde de mon être et de mon champ énergétique tout entier. Ma joie inspire les autres pour s'ouvrir eux aussi aux bienfaits divins. Kuan Yin, la Princesse des Moissons d'Automne, connaît mon cœur valeureux et me dispense des cadeaux en abondance. Om Mani Padme Hum !

23. LUNE RADIEUSE DE COMPASSION

Kuan Yin se tient sur une Lune Radieuse de Compassion, déversant la force spirituelle dont vous avez besoin pour vous libérer des énergies basses de la peur et du jugement et accéder aux vibrations de liberté, d'amour et de paix auxquelles vous aspirez naturellement. Vous êtes appelé à utiliser dès maintenant ce pouvoir pour grandir spirituellement et vous libérer d'une situation qui vous tire vers le bas.

Ami très cher, vous êtes actuellement provoqué par des énergies aux vibrations basses. Ce n'est pas mauvais en soi – vous avez en fait attiré cette situation afin de grandir spirituellement ! Kuan Yin est près de vous pour assurer votre victoire.

Ces énergies qui vous défient semblent extérieures, prenant la forme d'une personne, d'un lieu, d'un objet ou d'une situation, ou encore d'une relation passée ou présente. Elles peuvent aussi paraître intérieures, sous forme d'une habitude de doute, de jugement ou de critique de soi ou des autres.

Vous pouvez choisir de laisser ces énergies vous entraîner vers le bas dans la peur et le jugement, ou de grandir spirituellement par la pratique de la compassion qui vous apportera la paix, l'amour et la liberté. Depuis la Lune Radieuse de Compassion, Kuan Yin vous darde de ses rayons, vous demandant de lui permettre de vous sustenter, de vous aider et de vous élever si vous choisissez de grandir et de devenir plus fort spirituellement.

La compassion ne demande pas de se transformer en paillasson ni de se laisser aller aux souffrances émotionnelles ni aux manipulations qu'une autre personne pourrait chercher à mettre en place avec une conscience insuffisante de ses blessures. Cela n'implique ni une cascade de sympathie ni un devoir de secourir l'autre de ses propres expériences et choix de vie.

La compassion est la reconnaissance du pouvoir qu'ont toutes les Âmes de co-créer leurs expériences de vie. C'est aussi connaître les difficultés rencontrées par l'être humain dans le cadre de son évolution spirituelle et c'est ressentir un sentiment doux et bienveillant pour toute l'humanité, non pas avec arrogance, mais avec gentillesse et générosité d'esprit. La compassion vous met en alignement avec la lumière de votre Âme et avec votre propre pouvoir spirituel ; elle vous élève vers la liberté. Permettez à la Mère vénérée de faire briller sa Lune Radieuse de Compassion dans votre cœur pour vous aider à vous libérer du jugement et vous ramener dans la sagesse, le discernement et la paix. Vous le méritez vraiment, ami très cher.

GUÉRIR AVEC LA LUNE RADIEUSE DE COMPASSION

Asseyez-vous dans le calme, les yeux clos, et prenez conscience de votre cœur. Ayez l'intention d'accroître sa lumière jusqu'à ce qu'elle illumine le problème, la situation ou les circonstances aux vibrations basses qui sont la cause de vos soucis. Vous reconnaîtrez ce qui vous perturbe par la réaction que cela provoque en vous : peur, doute, jugement, colère, culpabilité ou honte. Imaginez dans votre cœur une lune radieuse, vibrante d'une lumière de compassion. En brillant, elle illumine la situation concernée et lui apporte une solution au-delà des peurs, des jugements et des illusions.

Dites ce qui suit du fond du cœur : « Vénérée Kuan Yin, Mère de Compassion, aidez-moi à briller de ma propre lumière remplie de celle de votre Lune Radieuse de Compassion, sur tous les aspects de cette situation. Que celle-ci soit bénie de votre Compassion Divine. Que toutes les personnes concernées voient plus clair et s'élèvent au-dessus de leur douleur égotique vers davantage de tolérance, de compréhension et de paix. Que la douce lueur de votre grâce compatissante nous soulage tous. Qu'il en soit ainsi. Om Mani Padme Hum. »

PRIÈRE À LA LUNE RADIEUSE DE COMPASSION

Vénérée Kuan Yin, votre compassion vous donne une énergie, une patience, une paix et un amour infinis. Faites couler en moi votre lumière et aidez-moi à trouver la mienne afin que je m'élève au-dessus des énergies de peur et de jugement, vers une compassion plus grande qui me libère pour vivre en paix. Illuminez-moi, Lune Radieuse de Compassion. Om Mani Padme Hum.

24. RÉVÉLATION DE LA BEAUTÉ DU PAON

La beauté du paon est extraordinaire, avec ses couleurs éclatantes disposées sur un arc fier et gracieux. Vous êtes également d'une grande beauté. En vous se trouve un être de lumière merveilleux, capable de créer car c'est votre droit de naissance. La beauté du paon vous parle de vos énergies créatives qui s'élèvent sur de nouveaux niveaux sublimes car vous accédez au pouvoir du chakra de la gorge. Vos intentions, vos décisions et vos paroles tout particulièrement deviennent de plus en plus puissantes. Utilisez avec sagesse cette capacité créative grandissante pour exprimer votre beauté intérieure, en demandant la bénédiction divine pour tous vos projets, plans et discours.

La roue du paon nous laisse bouche bée devant sa magnificence, nous rappelant le pouvoir de la beauté authentique qui ramène en nous la paix et l'harmonie. Vous ressentez une envie grandissante de créer davantage de beauté dans votre vie, d'honorer votre créativité naturelle pour exprimer les sentiments sublimes qui sommeillent en vous.

Quand l'Âme grandit spirituellement, les énergies créatives s'élèvent depuis le chakra sacré dans la zone des hanches et du pelvis vers celui de la gorge où elles sont traduites en sons. Ce qui autrefois n'était qu'un don instinctif, beau à sa manière, se teinte d'une merveilleuse inspiration qui ajoute une profondeur et une énergie curative à vos expressions créatives. Commencez à créer la beauté divine à travers vos paroles et vos actions et vous deviendrez une force active capable d'améliorer la beauté de ce monde.

Quand le pouvoir du chakra de la gorge s'accroît, le besoin de s'exprimer de manière spécifique devient urgent. C'est la voix de l'Âme souhaitant se manifester dans le monde physique. Le pouvoir de votre Âme commence à déborder dans vos paroles et vos projets. La meilleure façon de l'utiliser avec sagesse est de décider que tout ce que vous direz, ferez ou chercherez à créer sera en alignement avec la beauté divine présente dans votre cœur. La beauté du paon ou Kuan Yin dans son expression gracieuse vous presse de suivre ce qui est vraiment beau au fond de vous en sachant que cela vous apportera plus facilement l'harmonie intérieure et extérieure.

Cet oracle indique aussi que tout projet, plan ou objectif auquel vous pensez est en alignement avec la plus haute créativité de votre Âme. Ne vous souciez pas de savoir si tout ne se déroule pas comme vous l'aviez espéré. Il est toujours sage d'avoir des intentions claires avant de confier les détails à l'Univers afin qu'ils puissent se mettre en place selon une vision plus grande que la nôtre. Il ne vous reste qu'à garder la foi et à suivre votre intuition pour franchir les étapes que votre cœur vous inspire, puis à prendre patience et confiance en vous et en l'Univers.

Kuan Yin, la beauté du paon, vous bénit de sa compassion et de sa grâce, vous aidant à laisser de côté vos peurs et vos doutes sur vos capacités à créer, que ce soit de la musique, de l'écriture, des soins, un corps plus sain ou un esprit plus clair. Ces désirs en vous sont déjà en train de se manifester. N'abandonnez pas, laissez les choses se faire. Autorisez votre beauté intérieure à trouver son expression, ami très cher. Il est temps qu'elle éclate au grand jour.

GUÉRIR EN RÉVÉLANT LA BEAUTÉ DU PAON

Asseyez-vous dans le calme et respirez lentement, fermez les yeux et focalisez votre attention sur votre chakra sacré qui se trouve sous le nombril, dans la zone du pelvis. Imaginez une lueur chaude, dorée et brillante. Cette lumière et votre respiration à la conscience, voyez-la monter vers le chakra de la gorge, le centre d'énergie situé au milieu de votre gorge. Ayez l'intention que cela se passe naturellement et en douceur et sentez la chaleur monter de votre bas-ventre. Quand elle se retrouve dans la gorge, ou simplement quand vous êtes prêt, dites : « Je demande maintenant que ma créativité supérieure soit activée par la divine bénédiction. Que mes plans, projets et discours deviennent sublimes, empreints de bien-être et d'une beauté unique. Que l'amour divin bénisse mon flot créatif, par la grâce de Kuan Yin et par mon propre libre arbitre. Je permets maintenant à ma beauté intérieure de se révéler. Qu'il en soit ainsi ! »

Quand vous êtes prêt, ouvrez simplement les yeux.

PRIÈRE À LA BEAUTÉ DU PAON

Vénérée Kuan Yin, offrez-moi la grâce de m'abandonner à la beauté de mon Âme, de reconnaître ma créativité supérieure en action, de faire des créations de mon esprit une priorité absolue, afin que je vive dans l'abondance, la paix et le bonheur. Aidez-moi, de votre magnificence, à reconnaître ma propre beauté, magnifique et colorée comme le paon aux couleurs éclatantes. Que mes créations soient aussi belles. Om Mani Padme Hum.

25. YANGZI JIANG, FLEUVE SACRÉ

Le fleuve sacré Yangzi Jiang s'écoule, éternellement changeant. Comme une rivière qui change sa course et son débit, vous évoluez sur votre voie divine. Les voiles et les rétrécissements qui occultaient la lumière de votre Âme sont en train de disparaître. Le nettoyage par l'eau sacrée indique précisément que votre vie émotionnelle et la direction que vous suivez sont purifiées et apaisées. Les changements au sein de votre flot d'énergie et dans l'amplification de votre chemin de vie sont imminents. Que c'est excitant ! Vous grandissez et bientôt, les circonstances de votre vie refléteront votre évolution.

Le fleuve sacré Yangzi Jiang dans lequel se baigne la vénérée Kuan Yin est en perpétuel changement, dans sa course et son flux. Comme ce cours d'eau sacré, vous évoluez aussi, ami très cher.

La direction de votre vie traverse des réalignements subtils ou se trouve peut-être au milieu d'une vague de transformations plus évidentes. Ayez confiance dans le déroulement naturel de ce processus et permettez-lui d'œuvrer dans votre vie.

Le fleuve sacré Yangzi Jiang est une extension de la sage intelligence de la Mère Divine dont la main effleure votre Âme pour vous guider vers votre destin supérieur. Elle aide la conscience à libérer les impuretés. Cela peut mener à une période de relâchement spirituel et même de détoxification physique. Des émotions peuvent émerger, des douleurs inexplicables apparaître dans le corps, une fatigue inhabituelle se faire jour, comme un besoin de méditer davantage, de pratiquer des séances de bien-être, de nager dans l'océan, de suivre des cours de yoga ou même de changer de régime alimentaire ou de rythme de sommeil. Ce sont des impulsions intuitives naturelles qui confirment que l'Âme s'engage dans un processus de nettoyage pour exprimer davantage de pureté sur le plan physique.

Kuan Yin parle maintenant en tant qu'Âme du fleuve sacré Yangzi Jiang et vous demande d'être doux avec vous-même au cours de ces changements, de respecter vos intuitions car votre lumière intérieure est en train de se renforcer. Faites confiance aux transformations et aux fluctuations du fleuve sacré dans votre vie.

Peut-être avez-vous remarqué que les gens étaient davantage attirés par votre lumière dans la période suivant votre augmentation de quotient lumineux ? Vous détenez beaucoup plus de lumière et, sans les anciens voiles qui la masquaient, votre Âme illumine la matière plus que jamais. Certaines personnes seront attirées par ces changements en vous et vos relations vont s'améliorer. D'autres peuvent avoir peur de votre transformation. Posez des frontières fermes et bienveillantes et ne craignez pas les nouvelles attentions dont vous êtes l'objet. Votre lumière n'est pas uniquement plus brillante, elle est également plus forte et vous devenez capable de gérer toute situation nouvelle dans la joie, avec grâce et efficacité. Soyez doux et patient, restez fidèle à vous-même et sachez que la croissance spirituelle profite à tous.

GUÉRIR DANS LE FLEUVE SACRÉ YANGZI JIANG

Imaginez-vous devant une belle rivière composée de lumière et de sons. Elle miroite d'amour, de paix et de beauté. Vous avez envie d'approcher au plus près parce que vous sentez que c'est bon ! Imaginez que vous entrez dans cette rivière et laissez les arcs-en-ciel de lumière et de sons vous traverser et vous purifier tant à l'intérieur qu'à l'extérieur. L'eau est propre et pure, pleine de majesté et d'un pouvoir ancestral.

En sortant de l'eau, vous remarquez que vous êtes maintenant vêtu d'une robe de soie fraîche de la couleur qui vous convient.

Quand vous êtes prêt, ouvrez les yeux.

PRIÈRE AU FLEUVE SACRÉ YANGZI JIANG

Kuan Yin, Mère Divine du Fleuve Ancien, Âme Sacrée du Yangzi Jiang, je reçois les eaux spirituelles de la purification et de l'illumination. Bénissez mon chemin et mon travail par votre miséricorde et votre puissance, afin que je puisse me révéler et me réaliser aujourd'hui sans peur ni attachement au passé. Je laisse le fleuve sacré tracer mon chemin et dessiner ma voie divine supérieure. Par mon libre arbitre, qu'il en soit ainsi. Om Mani Padme Hum.

26. LOTUS BRILLANT

Il est parfois plus sage de rester discret jusqu'à trouver la force intérieure qui vous libère suffisamment pour partager vos idées, sentiments et croyances sans faiblir face aux défis extérieurs. À d'autres moments, notre entourage et nous-mêmes pouvons bénéficier d'une prise de risque qui permet au lotus intérieur de notre vraie personnalité de s'épanouir et de briller pour le bien de tous.

Restez-vous en retrait dans votre coin spirituel, ami très cher ? Il est parfois plus sage d'éviter de partager vos pensées et sentiments à propos des croyances et d'autres sujets personnels en attendant que tout soit clair dans votre esprit. Cependant, il est des moments où le fait de taire vos vérités profondes ne vous protège plus mais vous empêche de vivre votre destin divin, d'allumer la lumière du lotus de votre Âme et d'avancer sur votre chemin de vie.

Cela ne signifie pas que vous ayez à faire une annonce publique (sauf si votre cœur le désire !), mais cela suggère que vous partagiez quelque chose à ce sujet ou que vous vous ouvriez davantage aux confidences en général. Cela peut prendre la forme d'une conversation avec un proche à propos de sentiments importants que vous avez gardés pour vous ou d'un début d'ouverture sur vos croyances et vos capacités.

Dès que vous dégagez cette énergie de partage, vous attirez magnétiquement dans votre vie des Âmes de même nature qui vous encouragent à progresser dans ce sens. N'ayez pas peur si ce sont celles qui semblent défiées ou menacées par vos croyances. Ces personnes n'ont pas à partager vos idées pour que vous (et elles) soyez aimés et en sécurité sur votre chemin spirituel (unique pour chacun de nous). Vous pouvez tous retirer de grands bienfaits à rester fidèle à votre cœur et, en même temps, ouvert au fait que les autres possèdent leur propre vérité différente de la vôtre, car tout est bien ainsi. Vous n'avez pas à convaincre les autres ni à vous laisser fléchir, et pour cela il suffit d'écouter votre cœur.

Si vous avez gardé quelque chose en retrait, écoutez votre cœur pour connaître le bon moment et la meilleure façon de le révéler. Laissez briller librement la lumière du lotus de votre cœur, de votre Âme, de votre être intérieur, ami très cher.

Soyez indulgent avec vous-même et sachez que vous avez le droit de vivre sur cette planète avec votre propre vérité quelle que soit la réaction des autres, qu'elle soit positive et amicale ou qu'elle soit dérangeante, car votre vérité sert le plus grand bien. Ayez confiance en la puissance de cette lumière de lotus. Elle est plus forte que la peur et le doute. Elle éclaire profondément la voie de votre chemin spirituel de paix, de pouvoir et de détermination.

GUÉRIR POUR QUE BRILLE LE LOTUS INTÉRIEUR

Prenez le temps, debout ou assis confortablement, de vous assurer d'avoir la place d'étendre et d'écarter les bras. Si vous ne pouvez pas faire cet exercice physiquement pour quelque raison que ce soit, imaginez que vous le pratiquez en vous visualisant effectuer le processus de manière énergétique.

Dans votre esprit ou à voix haute, affirmez ce qui suit : « Je choisis maintenant d'ouvrir mon cœur pour révéler le lotus de vérité et de paix qui brille en moi. Je choisis de révéler ma vérité bâtie sur l'amour inconditionnel et le non-jugement. Je la révèle pour le plus grand bien et je fais confiance au développement de l'Univers, béni par la grâce et la miséricorde de Kuan Yin. Qu'il en soit ainsi ! »

Inspirez lentement et profondément en ouvrant grand vos bras. Imaginez que l'air déclenche l'ouverture du lotus de votre cœur et allume sa lumière afin qu'il brille comme une étoile au milieu de votre poitrine. Peut-être des émotions remontent-elles, laissez-les passer et continuez de respirer profondément quelques instants.

Puis, sur une expiration lente et profonde, levez les bras et imaginez que le lotus de votre cœur illumine l'Univers de son amour. Les mains et le regard tournés vers le ciel, dites : « Je suis en sécurité dans ma vérité, je me révèle avec amour, c'est bon et plaisant pour moi. La lumière de mon lotus éclaire toute l'humanité ! »

PRIÈRE DU LOTUS BRILLANT

Vénérée Kuan Yin, Mère de Compassion et de Miséricorde, bénissez-moi de votre synchronisme et de vos paroles divines, afin que je puisse m'exprimer avec confiance, que mes discours apaisent toutes les personnes concernées pour le plus grand bien de tous. Qu'il en soit ainsi ! Bénissez le lotus de mon cœur avec votre paix et votre amour lumineux. Om Mani Padme Hum.

27. SŒURS DES FLORAISONS D'ÉTOILES

Il est bon de se souvenir qu'au moment où chacun de nous entreprend son voyage personnel vers la vérité et le bonheur divin, de nombreux amis qui nous aiment inconditionnellement souhaitent nous aider à trouver notre voie avec le moins de souffrance possible et dans la plus grande joie. Quand nous permettons aux autres de nous aider, nous les aidons aussi. C'est une spirale d'amour et de soutien qui souhaite se connecter davantage avec vous.

L'énergie de groupe est puissante. Quand elle est utilisée à bon escient, elle nous aide à grandir de la même manière qu'une tâche s'allège dès que les mains pour l'effectuer se multiplient. Le travail de lumière bénéficie aussi de ces mains supplémentaires ! Votre énergie nourrit et entraîne celle des autres membres du groupe car votre cœur transporte une vibration d'amour élevée.

Voici plus de deux mille ans, les anciens Chinois appelaient les Pléiades les « Floraisons d'Étoiles ». Ces sept sœurs stellaires œuvrent ensemble avec une conscience de groupe supérieure qui rayonne d'amour et de lumière sur notre planète. Elles peuvent vous assister pour trouver la lumière dans les groupes au sein desquels vous êtes impliqué.

Il est utile de se connecter à des communautés centrées sur le cœur, qui renforcent et améliorent la qualité de la vie et où les participants se soutiennent mutuellement. Vous êtes appelé à le faire de plus en plus. La pratique individuelle est un élément important de croissance et elle peut s'avérer extrêmement puissante, mais l'énergie collective est également essentielle au développement spirituel si vous êtes encouragé à méditer, prier et chanter avec des communautés qui résonnent à l'unisson de votre cœur.

Parfois, certaines Âmes plus avancées spirituellement sentent inconsciemment qu'elles doivent porter l'énergie du groupe sur leurs épaules. Vous êtes appelé à abandonner toute responsabilité excessive et à assumer votre coopération naturelle et peut-être votre autorité sur le groupe en restant dans l'amour, sans crouler sous le poids d'un fardeau. Laissez-vous porter tout en contribuant de votre énergie et de votre lumière aux divers groupes et communautés de votre choix. Les Sœurs des Floraisons d'Étoiles savent que l'énergie collective tient dans le donner et le recevoir, que lorsque l'on s'autorise à s'épanouir, tout le groupe en bénéficie et se développe aussi.

L'oracle vous conseille d'équilibrer votre implication afin de conserver de grandes plages de solitude, de vous connaître en tant qu'être divin unique dans une énergie collective sur les plans intérieurs en faisant appel à vos guides spirituels qui vous aiment inconditionnellement et, sur le plan physique, en trouvant des groupes qui vous nourrissent et vous apprécient pour votre plus grand bien.

Cet oracle vous conseille aussi d'appeler les énergies stellaires qui vous aiment et vous soutiennent inconditionnellement. L'apparition des Sœurs des Floraisons d'Étoiles indique que vous avez une connexion d'Âme qui peut vous mener aux vibrations supérieures de la conscience des étoiles comme celle des Pléiades.

GUÉRISON PAR LES SŒURS DES FLORAISONS D'ÉTOILES

Allumez une bougie dans une pièce sombre, asseyez-vous dans le silence et fixez la flamme. Quand vous imaginez pouvoir fermer les yeux et voir encore cette flamme ou la sentir présente à votre esprit, dites : « J'appelle maintenant l'énergie collective qui m'aime inconditionnellement, j'appelle les Âmes de ce groupe et demande leur présence bienveillante et curative, par mon propre libre arbitre et par la grâce de la divine Kuan Yin pour le confirmer. Qu'il en soit ainsi. »

Prenez conscience de la flamme de la bougie et d'un cercle de lumière qui se forme autour. Imaginez qu'elle se transforme en étoile. Vous êtes dans le cercle de lumière, une Âme d'essence divine. Autour de vous se trouvent des guides et des Âmes du monde physique que vous reconnaissez ou pas, mais envoyez-leur de l'amour et soyez en paix, tous ensemble dans le cercle de lumière autour de la bougie.

Imaginez que vous envoyez tous de l'amour à la bougie-étoile, et votre sentiment pour elle dans votre cœur et votre esprit se renforce jusqu'à vous sentir baigné de lumière. Dites alors : « Merci pour votre guérison offerte avec amour inconditionnel. Namasté. »

Quand vous êtes prêt, ouvrez simplement les yeux.

PRIÈRE AUX SŒURS DES FLORAISONS D'ÉTOILES

J'appelle l'amour inconditionnel des Sœurs des Floraisons d'Étoiles et de la vénérée Kuan Yin pour m'aider à savoir quand je dois attendre ou avancer vers l'énergie de groupe. Aidez-moi à surmonter la crainte de me perdre, de me consumer ou de me blesser. Faites que je ne m'égare pas en me trompant de communauté. Aidez-moi à reconnaître ma propre lumière et à savoir la partager sans peur, dans la compassion et la miséricorde. Aidez-moi à trouver ma juste place au sein de l'énergie collective pour le plus grand bien de tous. Qu'il en soit ainsi ! Om Shanti.

28. SŒURS DU SOLEIL LEVANT

Vous êtes un être très créatif qui a la capacité d'élever la vibration de conscience sur cette planète à travers vos projets, votre travail, vos rêves et vos loisirs. Le pouvoir de la collaboration, le choix d'œuvrer avec d'autres sur des projets communs permettent à la synergie d'opérer et de vous renforcer car ensemble, vous êtes plus que la somme de vos individualités et vous attirez une assistance cosmique de grande puissance ! Il vous est conseillé de rester ouvert aux autres Âmes qui unissent leurs forces à la vôtre. Comme les Sœurs du Soleil Levant qui dispensent une grande énergie pour aider l'humanité par leur volonté collective, quand vous permettez au groupe d'harmoniser ses efforts, les choses les plus merveilleuses se mettent en place.

Apprendre qui vous êtes et comment vous fonctionnez est une part importante de votre chemin spirituel, et le travail solitaire est souvent le meilleur moyen d'y parvenir. Il arrive pourtant des moments où vous êtes suffisamment fort pour travailler avec d'autres sans perdre votre approche personnelle unique de la créativité. C'est la collaboration qui vous est suggérée maintenant pour vous permettre d'élargir vos horizons, de rencontrer des gens, d'allumer votre lumière et d'avoir davantage de plaisir !

Vos collaborations peuvent se faire avec des guides spirituels ou avec des Âmes incarnées qui arrivent dans votre vie sous forme de collègues, d'amis ou de thérapeutes. Faites confiance à vos instincts pour discerner ce que vous accepterez et ce que vous laisserez de côté – de nombreuses opportunités vont se présenter à vous car vous y êtes ouvert, alors croyez suffisamment en vous pour vous lancer et prendre quelques risques pour atteindre un objectif encourageant ou accepter l'offre des autres.

Les Sœurs du Soleil Levant savent que la lumière grandit quand des Âmes s'unissent en un effort collectif, permettant à différents aspects du Divin de pénétrer chaque projet et de l'enrichir davantage que ne peut le faire une seule approche.

Cet oracle vous conseille aussi de rester fidèle à vous-même dans les efforts collectifs. Vous pouvez être amené à choisir entre le compromis et le respect de qui vous êtes et de votre manière de travailler. Ne vous laissez pas déstabiliser, vous devez respecter vos frontières et celles des autres et savoir que si vous êtes faits pour œuvrer ensemble, vous trouverez un moyen de vous compléter sans compétition pour que chacun brille à sa manière. Les Sœurs du Soleil Levant vous demandent de trouver des moyens de ne pas vous diminuer en collaboration avec les autres, mais de vous ouvrir davantage à vous-même.

Si vous avez tiré cette carte en même temps que celle des Sœurs des Floraisons d'Étoiles, vous recevez un encouragement spécial pour collaborer au sein d'une situation collective ou sur des projets impliquant des groupes de personnes. Vous recevrez du soutien spirituel pour votre travail.

Cet oracle indique également que pour toute relation présente, une amélioration se met en place et si vous cherchez une solution gagnant-gagnant (même si une telle sagesse peut ressembler à un piège à première vue, elle existe !), vous aurez participé avec succès à la découverte de la guérison. Bravo !

GUÉRIR AVEC LES SŒURS DU SOLEIL LEVANT

Asseyez-vous avec votre journal intime pour écrire à une personne avec qui vous avez collaboré de manière insatisfaisante, frustrante, décevante ou incomplète. Expliquez votre ressenti, et à la fin de la lettre, exprimez votre intention de lâcher prise pour vous libérer tous les deux, offrez le pardon et, quand vous êtes prêt, lisez le texte à voix haute avant de brûler le papier et de disperser délicatement les cendres sur le sol en vous assurant d'abord qu'elles soient complètement éteintes.

Puis rasseyez-vous pour écrire une lettre aux Âmes de ceux avec qui vous travaillez en ce moment ou avec qui vous aimeriez travailler, qu'ils soient musiciens, artistes, auteurs, thérapeutes, fonctionnaires, promoteurs, comptables ou acteurs ! Les possibilités sont infinies. Écrivez quel genre de collaboration vous aimeriez attirer et le résultat que vous espérer en tirer. Imaginez votre demande comme une publicité céleste destinée aux Sœurs du Soleil Levant, un splendide rassemblement communautaire qui étincelle d'amour et soutient votre discours. Quand vous sentez la joie de ce que vous avez exprimé, lisez votre lettre à haute voix, pliez-la et rangez-la dans un lieu sacré, que ce soit dans votre journal, votre espace de méditation ou sous un cristal dans le jardin. Remerciez les guides qui vous ont poussé à le faire afin que vous soyez prêt à recevoir.

PRIÈRE AUX SŒURS DU SOLEIL LEVANT

Vénérées Sœurs du Soleil Levant, douce sœur Kuan Yin, merci pour votre aide qui a ouvert mon cœur à la confiance sans crainte, à la foi, à l'amitié, en gardant des frontières fermes et un esprit ouvert à l'inspiration, mais soutenu et assisté pour trouver des collaborations fructueuses. Que toutes ces relations soient aujourd'hui bénies dans ma vie. Om Mani Padme Hum.

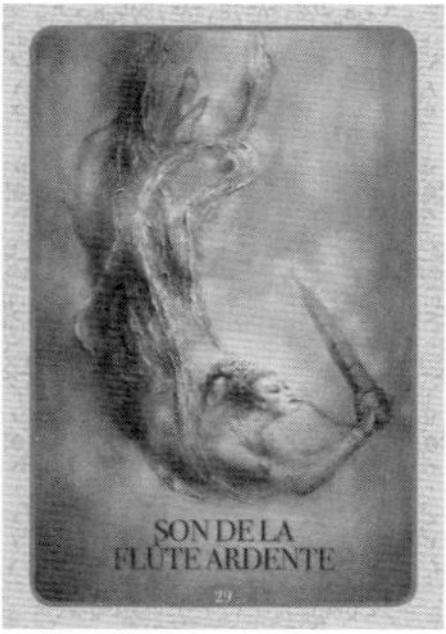

29. SON DE LA FLÛTE ARDENTE

Le discernement vous rend capable de faire des choix alignés sur vos intentions spirituelles. Comme le son ardent d'une flûte qui tranche toutes les vibrations par sa pureté et de sa volonté, il vous permet de rester fidèle à vos valeurs et à votre destin spirituel sans vous laisser emporter par les distractions. Si vous voulez grandir spirituellement dans l'amour, la joie, la paix et l'abondance, il est utile de savoir discerner entre les hautes vibrations et les plus faibles.

Il est sage d'accepter tout ce qui vit, sans juger bonnes ou mauvaises les personnes ou les situations. Certaines sont plus agréables que d'autres, bien qu'une difficulté puisse parfois nous apporter de grandes opportunités et nous pousser à grandir, se transformant alors en bienfait. Mais cela ne signifie pas que nous devions abandonner le pouvoir de choisir. Notre discernement peut nous guider sur le chemin grâce à des expériences joyeuses, encourageantes et utiles pour la croissance de notre Âme.

Discerner n'est pas juger. Cela ne rend pas certaines choses meilleures ni pires que d'autres. C'est un pouvoir de sélection fondé sur le désir ou l'intention. Si nous voulons grandir dans la joie et l'aventure au lieu de la souffrance et la peur, usons de discernement pour aller vers ce qui nous paraît ouvert et bon pour le moral plutôt que vers les expériences contraignantes et éreintantes.

Il est nécessaire de faire des choix dans tous les domaines de la vie, du monde physique au spirituel. Depuis le style de vie que nous menons jusqu'aux personnes avec qui nous préférons vivre ou notre façon de passer le temps, et même les sortes d'énergies spirituelles que nous invoquons, nos choix façonnent notre réalité. L'utilisation d'un sage discernement nous aide à rester clairs, précis et fidèles à nos perceptions. Comme la flûte ardente dont le son traverse les vibrations, il brise les illusions pour atteindre l'essence même du sujet. Avec cette vérité pure, aucune mauvaise surprise ne nous attend, et si c'est pourtant le cas, nous la gérons facilement et l'utilisons pour grandir avec un minimum de souffrance. Nous reconnaissons le vrai du faux. Notre connaissance intérieure guide nos choix vers les personnes, les lieux, les opportunités et les expériences que nous sentons alignés sur l'Amour. Notre chemin de vie se remplit alors de joie et de bien-être.

Vos capacités de discernement augmentent et vous devenez capable de choisir en écoutant votre cœur et en abandonnant la peur et la honte qui masquaient votre perception. Cet oracle vient à vous car vous avez besoin de regarder une situation de votre vie avec le cœur au lieu de vous focaliser sur les apparences. Ne craignez pas de croire votre propre vision des choses, ami très cher, cela vous aidera à vivre selon votre vérité et à prendre soin de votre Âme.

JOUER DE LA FLÛTE ARDENTE

Asseyez-vous avec votre journal intime ou une feuille de papier et contemplez un moment vos désirs les plus profonds dans cette vie avant d'en noter quelques-uns. Vous pouvez par exemple demander de connaître l'abondance et la prospérité dans les domaines matériels et spirituels, l'amour et l'amitié authentique, la liberté d'être vraiment vous-même, de vous exprimer de manière créative, de grandir spirituellement et de goûter à la béatitude divine.

Dites à haute voix : « Je me donne aujourd'hui la permission de faire des choix que je sens alignés sur mes intentions les plus profondes ! Je me pardonne pour toutes les fois où je n'ai pas fait les choix qui auraient soutenu mes intentions profondes. Je pardonne à ceux qui m'ont retenu en arrière, même sans avoir eu l'intention de me nuire, et je choisis maintenant d'user de discernement pour créer mes expériences de vie telles que je souhaite et désire qu'elles soient. Je demande à Kuan Yin de jouer de sa flûte ardente, afin que je puisse briser les illusions et connaître la vérité ! Qu'il en soit ainsi ! »

PRIÈRE À LA FLÛTE ARDENTE

Vénérée Kuan Yin, qui voyez de la plus haute perspective et connaissez la vérité dans toutes les situations, aidez-moi à discerner les meilleurs choix possibles pour moi. Bénissez-moi de la conscience dont j'ai besoin pour faire les choix qui soutiennent mes plus profonds désirs dans cette vie. Que mes intentions spirituelles soient bénies et se manifestent. Aidez-moi à voir, au-delà de l'illusion, la vérité pure en toute occasion. Jouez de votre flûte ardente d'amour, de compassion et de clarté. Om Mani Padme Hum.

30. TISSER LE DIVIN FIL DE SOIE

La création des fils de soie entraîne un processus de tri pour filtrer les fils cassés et ne garder que les plus purs et précieux. Vous entamez un nouveau cycle, et il est temps de sélectionner ce qui est pur et précieux en vue de le garder pour l'avenir tandis que vous abandonnez ce qui n'est plus aligné avec votre cœur. Il est parfois bon, pour accéder au nouveau cycle, de renier les serments de cette vie ou des précédentes, de laisser de côté les anciens schémas et de rappeler les talents et la sagesse des vies antérieures. Acceptez maintenant ce processus de guérison.

Votre passé se rappelle à vous. Il demande à être purifié et libéré, et pour que sa beauté et son pouvoir interviennent dans le moment présent, il doit être tissé délicatement dans votre vie d'aujourd'hui comme une soie précieuse. Toutes les expériences, les erreurs, les aventures et les succès de vos vies passées et présente ont fourni à votre Âme un matériau unique dans lequel puiser la sagesse, comme de multiples fils de soie qui se croisent pour fabriquer un tissu chatoyant. Il lui a fallu grandir en conscience, en lumière, en connaissance et en amour pour arriver où elle est aujourd'hui.

Kuan Yin vous guide pour comprendre que votre passé n'a rien de honteux et que même les pires erreurs pour lesquelles vous vous jugez ou accusez les autres ont été de réelles opportunités de faire grandir l'amour. La soie précieuse ne peut se former hors des couches brutes du cocon dans lequel le fil est produit par le ver. Vous aussi avez été capable de tisser quelque chose de magnifique à travers vos expériences de vie, y compris celles dont vous n'avez plus besoin de transporter les mémoires ni les cicatrices.

Le temps est venu d'extraire le fil pur et de laisser de côté celui qui est inutilisable. Vous êtes au point où vous devez choisir de vider votre bagage émotionnel pour ne conserver que les dons, les savoir-faire, les talents et la sagesse acquis au fil des âges afin de développer davantage de puissance dans le nouveau cycle qui vous attend. Cela peut vous paraître assez inhabituel et vous causer une sorte d'anxiété car vous ne pourrez plus vous référer à vos anciens schémas émotionnels et comportementaux qui vous ont accompagné si longtemps. Cependant, n'ayez aucune crainte, car en abandonnant l'ancien, un nouveau merveilleux schéma se mettra en place naturellement.

Vous connaîtrez de nouvelles émotions, de nouvelles façons d'être vous seront disponibles, issues de vos expériences passées mais sans les limites qu'elles vous imposaient. Kuan Yin, maîtresse dans l'art de tisser le fil spirituel, vous assiste dans un processus rempli de joie, de paix et d'amour. Vous vous sentirez plus léger et capable d'imprégner toute votre vie de votre être divin.

GUÉRIR EN TISSANT LE DIVIN FIL DE SOIE

Fermez les yeux et prenez conscience de l'espace de votre cœur où luit une douce lumière argentée. Imaginez que vous voyagez à l'intérieur et sentez un mouvement de va-et-vient, comme le tissage de fils. Certains sont rêches et cassants, mais ils maintiennent une barrière en place afin que de grands fils soyeux de pure lumière s'entremêlent en un courant sans fin. Sentez la merveille et la richesse de ces fils, comme des méridiens de l'Âme entrecroisés dans votre cœur.

En circulant le long de ces fils de lumière, vous apercevez finalement une spirale de plusieurs couleurs représentant vos vies et les situations que vous avez rencontrées par le passé. Vous remarquez Kuan Yin qui attrape doucement les fils de votre Âme et les sort du cocon brut pour les agencer en un magnifique tissu de soie.

Dites à haute voix : « Par la grâce de Kuan Yin et par mon propre libre arbitre, je pardonne maintenant sans condition et libère la souffrance, la honte et les reproches qui me retiennent dans les énergies passées et m'empêchent de vivre mon potentiel. J'abandonne tout cela complètement, à travers le temps et l'espace et dans toutes les dimensions de mon être ! »

Envoyez de l'amour à Kuan Yin et à ses doigts divins qui tissent la lumière de votre Âme pour rendre sa plus belle expression, puis dites à haute voix : « Je choisis maintenant d'affirmer dans ma vie présente tous mes talents, dons et savoir-faire passés fondés sur l'amour inconditionnel. Je fais appel pour cela à la grâce et à la compassion de Kuan Yin ainsi qu'à mon propre libre arbitre, dans l'amour inconditionnel et la miséricorde divine. »

PRIÈRE POUR TISSER LE DIVIN FIL DE SOIE

Je choisis maintenant de libérer tous les serments, accords, voiles et cordes qui ne sont pas fondés sur l'amour inconditionnel et ne servent plus le meilleur. Par la compassion, la miséricorde et le pouvoir de Kuan Yin et par mon propre libre arbitre, je les laisse partir. J'appelle la maîtrise de mes vies passées et de ma vie présente ; suivant mon propre libre arbitre et par l'amour inconditionnel et la miséricorde divine de Kuan Yin, que cela soit. Je choisis de tisser le divin fil de soie dans ma vie à partir de maintenant. Om Mani Padme Hum !

31. SŒUR SAULE PLEUREUR

La Sœur Saule Pleureur vous offre avec bienveillance le pardon et la libération des anciennes blessures. Laissez ses branches balayer avec grâce la tristesse et la douleur de votre cœur et de votre Âme. L'aube d'une plus grande liberté intérieure se lève et le nettoyage de la peine ainsi que le pardon sont la voie de cette liberté nouvelle. Vous la méritez et vous êtes bientôt prêt à vous l'offrir avec l'aide de Kuan Yin.

Le pardon est un moyen d'élever votre vibration en laissant de côté les anciennes énergies qui vous éreintaient et vous empêchaient de profiter du pouvoir disponible pour vous. Voici l'occasion de vous libérer de la souffrance et de vous émanciper. La Sœur Saule Pleureur vous guide pour pardonner totalement aux autres et à vous-même en toute liberté. Peut-être avez-vous pleinement conscience de vos besoins dans ce domaine ou peut-être est-ce une surprise pour vous. Si c'est le cas, soyez ouvert à la vérité de ce qui doit être pardonné et libéré au plus profond de votre cœur. C'est peut-être un simple incident de votre enfance ou une expérience plus importante que vous avez engrangée et transportée tout au long de votre vie. C'est une réaction respectable, mais voici le temps de vous y confronter, de la libérer et d'avancer, non seulement en esprit mais également de tout votre corps.

Cet oracle indique que vous vivez le processus de pardon aux autres et qu'il faut aussi penser à vous pardonner d'être humain et d'avoir encore des choses à apprendre pour grandir, comme tout le monde. Vous n'avez pas à être parfait et c'est parfois en se pardonnant à soi-même que l'on parvient à mieux pardonner aux autres. Nous souffrons moins des jugements sévères qui sont contraires à notre cœur et nous épuisent. Nous connaissons davantage de douceur et de gentillesse de la part de la Sœur Saule Pleureur, Kuan Yin sous sa forme de pardon et de guérison, et nous trouvons la paix de l'esprit.

Le pardon est une pratique spirituelle puissante qui vous aide à débrancher les circuits énergétiques vous reliant aux personnes, aux lieux, aux situations et aux mémoires qui retirent votre énergie du moment présent et ralentissent votre progression spirituelle ainsi que les manifestations physiques des désirs de votre cœur et de votre Âme.

Vous avancez maintenant sur votre voie spirituelle et vous avez actuellement besoin de toute votre puissance pour alimenter le processus. Comme le surfeur sur sa vague, vous êtes sur le point de décoller, alors pardonnez avec sagesse et sincérité, en sachant que cela ne signifie pas l'autorisation de futures agressions. Cela veut dire qu'en ce moment, vous gérez votre pouvoir avec compassion et vous permettez à l'Univers de gérer l'apprentissage de chaque être sur cette planète, tandis que vous abandonnez les idées de revanche et vous libérez du passé.

GUÉRISON PAR LA SŒUR SAULE PLEUREUR

Asseyez-vous confortablement, les yeux clos, et visualisez-vous ou sentez-vous à l'intérieur de votre chakra du cœur. Imaginez un magnifique espace avec un plan d'eau tranquille dont la surface réfléchit de nombreux saules pleureurs aux branches balayant les rives. Dans cet espace serein de votre cœur, vous prenez conscience de Kuan Yin assise près du plus gros arbre, les cheveux et la robe gentiment soulevés par la brise. Comme elle vous sourit et lève les mains pour former un mudra de guérison, une douce brise d'énergie curative s'écoule dans votre cœur et vous aide à l'ouvrir pour le libérer. Laissez l'énergie le traverser et prenez conscience des cordes qui en sortent et vous lient aux gens, lieux, objets et mémoires de cette vie et des précédentes.

Dites à haute voix : « J'accepte maintenant l'aide bienveillante de Kuan Yin pendant que je délie toutes les cordes et les attachements qui drainent mon énergie. À tous ceux avec qui je partage un travail inachevé à travers le temps et l'espace, je déclare aujourd'hui que je reconnais en vous des Âmes en train d'apprendre, tout comme moi, et je vous pardonne. Si je vous ai blessés d'une manière quelconque, pardonnez-moi, je vous en prie. Je choisis maintenant de vous libérer et de me libérer du passé. Puissions-nous tous recevoir la bénédiction de Kuan Yin dans sa grâce et sa miséricorde, par le pouvoir de guérison de la Sœur Saule Pleureur. Qu'il en soit ainsi. Om Mani Padme Hum. »

Visualisez ou ayez l'intention de voir sa lumière dans votre cœur devenir un feu de pure énergie blanche qui consume toutes les cordes et les attachements. Voyez ce feu descendre du cœur vers le nombril et le remplir de puissance, d'énergie et de vitalité. Sentez les cordes claquer au vent en s'éloignant de votre champ énergétique sans épuiser la force de votre aura.

Fermez les mains en mudra de prière devant votre chakra du cœur, les paumes jointes, et respirez profondément en ressentant la sérénité de la Sœur Saule Pleureur.

Quand vous êtes prêt, ouvrez les yeux.

PRIÈRE À LA SŒUR SAULE PLEUREUR

Vénérée Kuan Yin, Sœur Saule Pleureur, vous avez pardonné de graves agressions envers vous dans la grâce et l'abandon à l'amour, parce que vous aviez choisi la sagesse et la croissance spirituelle. Vous n'avez pas caché votre colère, mais l'avez laissé sortir pour trouver la paix et la compassion dans votre cœur. Vous étiez alors libre de vous élever dans la béatitude ! Bénissez-moi, s'il vous plaît, afin que je puisse faire appel à ma propre sagesse et à ma force spirituelle pour pardonner et me libérer aussi. Je laisse la Sœur Saule Pleureur purifier doucement mon cœur. Om Mani Padme Hum.

32. ÉLÉVATION DU TAÏ CHI

Votre champ énergétique devient plus fort, davantage d'électricité pulse dans votre être. Prenez le temps de nourrir votre système nerveux lors de son ajustement et soyez doux avec vous-même pendant que vous atteignez des niveaux croissants de capacités spirituelles qui augmentent l'impact de vos pensées, paroles et actions.

Le fait d'avoir un champ énergétique large ne veut pas nécessairement dire que vous ayez atteint un niveau de conscience élevé, mais quand vous faites preuve d'une conscience élaborée et arborez une belle lumière, celle-ci brille encore plus fort et votre aura s'élargit. Quoi que vous possédiez à l'intérieur, un large champ d'énergie le révèle avec davantage d'enthousiasme !

Vous possédez une belle lumière dont l'élégance, le raffinement et la magnificence cherchent à s'exprimer plus puissamment dans le monde matériel afin que les autres s'améliorent et guérissent aussi. Vous pouvez les aider à reconnaître le pouvoir de la bienveillance, qui est le baume le plus puissant qui soit sans avoir besoin de la force. Votre champ énergétique grandit pour que cela devienne de plus en plus possible. C'est comme si vous portiez une ampoule lumineuse plus grosse et, par conséquent, plus visible.

Vos paroles et pensées gagnent en puissance avec l'accroissement de votre champ d'énergie. Comme si vous appreniez à conduire une voiture de plus grosse cylindrée, prenez votre temps et soyez prudent en réalisant l'impact que vos pensées et actions peuvent avoir sur le monde matériel à présent. Que cela ne vous effraie pas, entrez dans votre cœur et sachez que vous utiliserez votre pouvoir et votre volonté à partir de ses conseils, car à travers votre propre nature, Kuan Yin vous guidera vers l'action juste dans la compassion.

Continuez d'élargir votre aura par le chant, la méditation, le travail énergétique et les soins, ainsi que par tout ce que vous sentez vous convenir. Cet oracle vous confirme que la croissance est là et a besoin d'intervenir en vous pour vous rendre capable d'exécuter l'œuvre de votre vie plus efficacement.

ÉLÉVATION DU TAÏ CHI

Tenez-vous debout sans effort, les pieds écartés d'une largeur de hanches et les bras ballants. Sentez la connexion de vos pieds avec le sol et balancez-vous doucement d'avant en arrière.

Dites à haute voix : « J'appelle en moi l'amour inconditionnel, la lumière et le pouvoir de la Terre pour mon plus grand bien. »

Montez lentement vos mains devant vous, les paumes face à face, puis montez-les vers le ciel en imaginant que vous tirez l'énergie terrestre depuis vos pieds jusqu'au sommet de votre tête.

Dites à haute voix : « J'appelle en moi l'amour inconditionnel, la lumière et le pouvoir des forces célestes pour mon plus grand bien. »

Imaginez que vous attirez la lumière du ciel dans votre corps, pendant que vous descendez vos mains devant vous très lentement, en stoppant au niveau du nombril. Laissez-les en cet endroit et fermez les yeux pour prendre conscience de la lumière terrestre qui monte et traverse votre chakra couronne, et de la lumière céleste qui descend jusque dans la Terre sous vos pieds. Voyez ces deux flux d'énergie former une colonne d'un amour étincelant autour de vous, reliant le centre de la Terre aux confins de l'Univers.

Respirez paisiblement dans cette colonne de lumière et quand vous êtes prêt, ouvrez les yeux.

PRIÈRE POUR L'ÉLÉVATION DU TAÏ CHI

Par la grâce et la compassion de Kuan Yin et par mon propre libre arbitre, puisse mon champ énergétique s'accroître pour combler les besoins de la lumière de mon Âme. Faites que je sois fort et charitable, puissant et sage à égale mesure, que je sois bienveillant et déterminé avec tempérance et pacifisme. Om Mani Padme Hum.

33. DIX SŒURS DE LUMIÈRE

Vous êtes une Âme avancée qui a vécu de nombreuses incarnations, irradiant votre lumière par le biais de nombreux visages. Votre Âme a beaucoup appris de ses vies passées, développant ses capacités et ses talents. Cette vie est le summum de toutes en ce sens que vous réunissez les capacités de vos vies passées en une expression unifiée. Cela revient à rassembler les pouvoirs de dix sœurs ou plus, dans la vie présente. Préparez-vous à grandir et à briller, ami très cher.

L'Être Supérieur aime intégrer la sagesse qu'il a glanée au fil de ses nombreuses vies, afin que rien ne se perde et que tout soit amélioré. Vous êtes dans un processus de tissage spirituel et d'intégration au niveau de l'Âme. Cela signifie que des capacités et savoir-faire dont vous avez à peine conscience vont vous paraître plus évidents. Vous remarquerez que vous savez des choses issues de traditions diverses que vous ne vous rappelez pas avoir étudiées. Vous pourrez ressentir un attrait bizarre pour différents arts martiaux ou techniques de soin par exemple, et vous rendre compte qu'ils vous sont familiers.

Soyez patient et ouvert, ayez confiance en votre trajet. C'est une période intense de croissance spirituelle, car dans cette intégration se trouve également le délestage d'anciennes douleurs et de questions devenues inutiles. Il est bon de laisser disparaître tout cela. Vous êtes encouragé à activer les capacités de vos vies passées en lâchant prise de vos anciennes blessures, même si vous n'êtes pas totalement conscient de ce qu'elles sont. Libérez-les avec le souffle et laissez-les sortir par le chakra du cœur ou par tout autre endroit du corps énergétique que vous ressentez intuitivement. Dans l'espace ainsi créé, la lumière de votre Âme se mettra à briller et celle de vos précédentes incarnations, y compris les talents et les savoir-faire que vous aviez acquis, brilleront dorénavant à travers vous.

Cet oracle signifie également qu'un schéma ou un contrat d'une vie passée opère fortement dans votre vie présente. Ce n'est ni bon ni mauvais, cela vous aide à grandir soit en vous soutenant, soit en vous défiant pour vous renforcer. Ce contrat du passé peut vous apparaître sous la forme d'un professeur, d'une relation ou d'un enseignement. Il peut se résoudre avec votre acceptation de la leçon, par la fin de la relation ou le début d'une nouvelle, voire par l'abandon d'une philosophie de vie afin d'élargir votre conscience grâce à de nouvelles connaissances qui vous donnent accès à la sagesse dont vous avez besoin pour grandir à ce stade particulier de votre évolution. Cela peut s'avérer très différent de ce que vous recherchiez quelques années ou quelques mois auparavant, mais tout est bien.

Il vous est demandé de faire confiance à votre cœur et de discerner ce qui est bon pour vous. Souvenez-vous que vous êtes un être unique issu de la Source éternelle et que cet être a eu de nombreux visages. Comme les dix sœurs de lumière, vous possédez des talents variés dont vous pouvez apprécier la réémergence et l'intégration dans votre vie présente pour améliorer encore ces schémas anciens qui reviennent sous une nouvelle expression.

GUÉRIR AVEC LES DIX SŒURS DE LUMIÈRE

Asseyez-vous dans le calme, les yeux fermés, et prenez conscience d'une douce lumière blanche qui brille au centre de votre cœur, où se trouve votre Soi divin. Vous remarquez près de vous une belle femme éclatante de lumière, qui vous propose soutien et protection. Dites en vous concentrant sur la lumière : « Je choisis maintenant de respecter, de pardonner, d'accepter et d'aimer tout ce que j'ai été. » Inspirez et expirez dans le centre de votre cœur, laissez grandir la lumière, puis dites : « Je choisis, pour mon plus grand bien, de m'ouvrir et de m'abandonner à la sagesse de la croissance de mon Âme. Que soit ramené dans ma vie présente ce qui m'était autrefois utile si cela peut servir le meilleur. Par mon propre libre arbitre, qu'il en soit ainsi. »

Inspirez et expirez en permettant à Kuan Yin d'envoyer de l'amour à la lumière de votre Âme à l'intérieur de votre cœur et regardez son pouvoir et sa sérénité s'accroître. Vous remarquez que la lumière devient un groupe de sœurs radieuses qui dansent dans votre cœur. Elles augmentent jusqu'au nombre de dix. Ce sont des gardiennes, des guides des vies passées, une partie de votre conscience. Voyez-les danser dans la lumière et quand vous êtes prêt, ouvrez les yeux.

PRIÈRE AUX DIX SŒURS DE LUMIÈRE

Divine Kuan Yin, Om Namaha, j'appelle les Dix Sœurs de Lumière qui m'aiment inconditionnellement, j'appelle votre grâce, votre protection et votre assistance pour abandonner maintenant les schémas et les blessures du passé afin que la lumière de mon Âme se manifeste davantage dans ma vie présente. Bénissez ce processus de votre compassion de votre miséricorde et de votre grâce. Merci, vénérées Sœurs. Om Mani Padme Hum.

34. LE LUTH AMARYLLIS

Vous avez remporté une victoire sur votre passé, ami très cher, et le Luth Amaryllis résonne dans chaque cellule de votre être, proclamant l'élévation de votre vibration car vous avez laissé la peur derrière vous une nouvelle fois. Le luth annonce que vous progressez rapidement en spiritualité en abandonnant de plus en plus votre ancienne vie. Quand vous changez de vibration, votre vie se transforme. C'est tout naturel. Il est bon et sain pour vous de lâcher ce qui ne vous convient plus, quelle que soit l'importance que cela prenait dans votre vie auparavant, car cela ne compte plus pour vous désormais.

Tout comme un instrument de musique joue les notes sur des vibrations plus ou moins élevées, la vôtre s'affine quand vous progressez spirituellement aussi vite. C'est merveilleux ! Ayez le courage de croire que vous avez le droit de continuer à monter même si cela signifie quelquefois l'abandon de certaines personnes, des lieux, objets ou situations auxquels vous teniez. Dans votre entourage, certains grandiront avec vous, d'autres vous retrouveront à la spirale suivante de votre chemin de vie et du développement de votre conscience, tandis que d'autres vous ralentiront et vous devrez les laisser de côté pour qu'ils vivent leur propre destin selon leurs choix et leur vitesse personnelle d'évolution.

Plus vous vous permettez d'élever votre vibration afin de sortir victorieux de votre voyage de la peur vers la paix, plus vous serez capable de bénéficier de la rapidité de développement de votre destin supérieur dans votre vie actuelle. Le Luth Amaryllis appelle la vibration de votre Âme à s'élever. Cet instrument de soin de la Mère Divine Kuan Yin résonne dans vos cellules pour vous aider à continuer votre progression dans la paix. Vous en connaîtrez les résultats quand vous ressentirez l'envie de mieux discerner ce que vous consommez et chercherez à savoir si les effets sur vous sont positifs ou négatifs. Cela peut concerner la nourriture, les relations, les énergies, le matériel audiovisuel, la musique, l'environnement, l'ambiance au travail ou les émotions renforcées par certaines amitiés. Cela ne nécessite pas d'approche brutale ni fanatique, mais le luth vous ouvre à une plus grande conscience de la manière dont votre vibration peut s'élever au mieux.

Vous n'avez pas à opérer des changements dramatiques pour obtenir des résultats incontestables ! Par exemple, le simple choix de ne plus rapporter de ragots et de ne plus vous engager dans des discussions non constructives peut faire une différence notable. Choisir de sourire davantage, d'être plus doux envers vous-même et les autres, sans vous transformer en paillasson, mais rester ferme et bienveillant quant à vos besoins et moyens d'élever votre vibration. Le chant, la méditation et la danse sont également des outils précieux, laissez le son du Luth Amaryllis vous guider de la manière la plus belle et la plus agréable qui soit ! Souvenez-vous que ce qui marche pour quelqu'un d'autre peut ne pas vous convenir, mais comme tout n'est qu'expérience, amusez-vous !

Si vous avez tiré l'oracle du Luth Amaryllis avec le Seuil ou la Fille du Phénix, vous recevez l'annonce spécifique que vous êtes à un stade avancé de votre progression spirituelle et que votre passage sous le portail d'initiation est imminent, voire accompli. Restez fidèle à vos principes spirituels, ami très cher, car vous êtes sur le point de connaître la plus belle des victoires.

GUÉRIR AVEC LE LUTH AMARYLLIS

Trouvez un endroit tranquille dans la nature ou chez vous qui vous permette de marcher en spirale, à partir d'un centre dont vous vous éloignez à chaque tour. Si vous ne pouvez pas exécuter physiquement cet exercice, imaginez-le dans la fenêtre de votre esprit.

Commencez au centre en disant : « Je choisis maintenant de libérer ce qui ne sert plus ma vibration, qui me retient en arrière dans la peur, la conscience du manque, la maladie, la fatigue ou la co-dépendance. J'abandonne tout cela et je me libère afin d'être plus MOI dans l'amour, la paix et le pouvoir. Qu'il en soit ainsi ! »

Commencez à marcher sur la spirale, dans la direction que vous préférez. Imaginez qu'à chaque pas conscient, le son d'un magnifique luth sème des fleurs d'amaryllis dans votre cœur. Sentez que chaque son émis fait monter votre vibration, comme si votre Âme vibrait sur une note supérieure et libérait les anciennes énergies. Prenez le temps de bien accompagner le processus.

Au début de votre marche, faites de tout petits pas, et plus vous élargissez la spirale, plus ils deviennent ouverts et larges, jusqu'à ce que vous soyez complètement libre et léger (et peut-être sorti gambader dans le jardin !)

Quand vous avez terminé, dites : « J'honore cet engagement envers moi-même, je fais de l'élévation de ma vibration une priorité. Je me donne la permission pleine et entière de faire cela pour servir mon Âme et la planète ! Qu'il en soit ainsi. »

PRIÈRE AU LUTH AMARYLLIS

Que triomphe votre beauté, que votre musique fasse s'élancer mon cœur. Ma vibration s'élève et mes cellules sont baignées de lumière divine. Je suis Amour. Om Mani Padme Hum.

35. LE LIVRE DES CHANGEMENTS

Comme une mélodie superbe mais inhabituelle, le plan divin se déroule dans votre vie, mais il n'est pas toujours prévisible ! Kuan Yin vous guide dans la bonne direction. Même si vous ne comprenez pas vraiment ce qui se passe dans votre vie en ce moment, permettez-lui de vous bénir en gardant confiance dans le déroulement de votre chemin spirituel. Le Livre des Changements est toujours à l'œuvre et nous aide à trouver notre voie. Vous êtes simplement en train de prendre une route plus agréable pour arriver à destination !

Il arrive que des circonstances ou des situations semblent nous éloigner de l'objectif désiré et nous poussent à nous demander s'il faut prendre les choses en main pour obtenir les résultats escomptés. Même si nous ne comprenons pas les raisons de ce qui se passe, avec la patience et l'expérience, la sagesse et le soutien offerts par la situation concernée nous sont souvent révélés. Émerveillons-nous de voir combien nous sommes assistés par l'œuvre de l'Intelligence Suprême qui nous semblait incompréhensible au premier abord.

Comme le guide de montagne chevronné, Kuan Yin a suivi le chemin spirituel au cours de ses nombreuses vies avant d'atteindre son état d'illumination et de compassion. Elle possède une grande sagesse et elle vous bénit de sa grâce, même si celle-ci prend la forme d'un nuage noir, d'un retard, d'une déception ou bien d'une belle opportunité allant dans une tout autre direction ! Elle vous aide à éviter les pièges que vous n'avez pas à rencontrer si vous avez confiance en ses conseils. Elle peut lire le Livre des Changements et comprendre le plan divin qui se déroule devant vous, afin de vous aider à progresser avec un minimum de difficultés.

Vous devez avoir confiance et permettre aux circonstances de votre vie de se dérouler telles qu'elles se présentent. Si vous constatez des retards, ne forcez pas les résultats, laissez-les se positionner en intervenant le moins possible.

Ne laissez personne prendre le pouvoir sur vous et ne vous retenez pas d'exprimer vos vérités et sentiments sur ce qui se passe. De toute façon, vous êtes amené à comprendre que tous les événements, les détours et situations inattendues sont des bénédictions issues du plan divin, confirmées par Kuan Yin qui vous assiste en vous évitant des problèmes ultérieurs et en ajustant la direction de votre vie afin que vous avanciez sur votre chemin divin avec davantage de grâce.

GUÉRIR AVEC LE LIVRE DES CHANGEMENTS

Allongez-vous dans une pièce légèrement assombrie et portez votre attention au centre de votre cœur. Imaginez qu'une lumière y brille et qu'un chemin divin se déroule devant vous, montant, tournant et s'incurvant parfois sans crier gare, mais toujours baigné de lumière dorée.

Sur ce chemin, vous voyez ou ressentez le superbe champ d'énergie lumineux de Kuan Yin, qui s'amuse à lancer des pièces d'or en l'air et à les regarder tomber, souriant aux dessins qu'elles forment et applaudissant de plaisir. Elle vous voit et vous bénit en levant la main.

Offrez-lui la situation ou circonstance inattendue – désirée ou non – intervenant dans votre vie. Percevez comment elle reçoit votre don, puis le transforme en pièces d'or qu'elle lance en l'air, et remarquez le dessin que forment les pièces en retombant.

Elle leur envoie de l'amour et vous les rend. Prenez-les dans votre cœur et réalisez que tout est bien.

PRIÈRE POUR HONORER LE LIVRE DES CHANGEMENTS

Vénérée Kuan Yin, merci pour les bénédictions de votre grâce divine et pour votre assistance dans ma vie. J'accepte le plan divin, afin que le Livre des Changements avec sa grande sagesse s'installe en moi dans la foi et la confiance.

Je prie maintenant pour avoir le courage de croire en votre bonté et votre aide, pour voir la beauté et la perfection dans toutes les situations de ma vie, afin d'en tirer profit au mieux. Merci pour votre aide. Om Shanti. Que votre paix soit dans mon cœur. Om Shanti.

36. DANSE DE LA RÉVÉLATION

Une situation de votre vie est sur le point de se clarifier. Comme un tableau de sable changeant, l'image va se préciser et paraîtra différente de ce qu'elle était auparavant. Cet éclaircissement vous apportera un grand soulagement et la confirmation de votre intuition. Soyez patient et permettez à la révélation de venir à vous au moment opportun.

Bien souvent, ce que nous croyons savoir n'est qu'une infime partie d'un vaste tableau. Avec davantage d'information, ce que nous pensons être la vérité est susceptible de varier – parfois de manière spectaculaire – et de révéler une réalité complètement différente. Nous imaginons parfois qu'une situation, une personne ou un lieu est uniquement tel que nous le percevons, or nous découvrons qu'il n'est pas vraiment ainsi quand, le temps passant, nous sommes moins impliqués. Une situation importante se déroule en ce moment dans votre vie et vous ne l'appréhendez pas encore dans sa totalité. Soyez patient, faites preuve de curiosité et ayez confiance en vos ressentis. Ne vous pressez pas de démarrer les choses, de délimiter une structure ni de vouloir concrétiser vos attentes avant d'avoir l'opportunité d'y voir plus clair dans le déroulement de cette situation. Le temps viendra, dans un avenir proche, où vous réaliserez que la gracieuse danse cosmique de Kuan Yin touche à sa fin et qu'un voile s'est retiré. Vous verrez alors plus clair que jamais et les choses se préciseront à ce moment-là.

C'est alors seulement qu'une action appropriée pourra être menée. Tenter avant cela de faire des efforts pour obtenir des résultats ne fera pas avancer la danse du dévoilement plus rapidement. Soyez patient et gardez la foi, ami très cher. La danse de la grâce divine de Kuan Yin va éclairer ce domaine de votre vie et vous apporter la lumière. Entrez dans votre cœur pour écouter sa musique.

Cet oracle vous confirme également qu'une chose que vous avez récemment perçue, ou que vous allez bientôt percevoir, est juste. Peut-être cela vous surprend-il, peut-être êtes-vous choqué ou déstabilisé par les implications que vous envisagez, aussi doutez-vous de la véracité de votre vision. Ayez patience et prenez le temps de vous habituer aux nouvelles vérités qui vous sont dorénavant révélées. La danse de la grâce de Kuan Yin offre non seulement la révélation mais aussi la résolution et l'opportunité.

GUÉRIR PAR LA DANSE DE LA RÉVÉLATION

Assis dans le calme, les yeux clos, visualisez devant vous un rideau imposant. Une lumière étincelante filtre au-dessous, et vous remarquez qu'elle luit aussi par les interstices sur les bords et au milieu du rideau.

Dites : « Je choisis maintenant d'ajuster ma vibration et ma vision pour percevoir la grande révélation de la vérité disponible en cet instant dans tous les domaines de grande importance pour moi. J'appelle dans ce processus l'aide de Kuan Yin qui m'aime inconditionnellement. »

Kuan Yin apparaît sous les traits d'une belle danseuse élégante, inondée de lumière. Tandis que se déroulent ses mouvements gracieux, le rideau se soulève et vous commencez à percevoir ce qui était caché. Permettez à votre vibration de changer avec son aide bienveillante. Imaginez que votre vision intérieure s'adapte à la lumière, comme lorsque vous sortez d'une pièce sombre dans l'éclat du soleil d'été.

Vous pouvez percevoir consciemment, voir, sentir ou savoir ce qui se trouve derrière le rideau. Vous pouvez aussi ressentir certains éléments à un niveau plus profond de votre inconscient, sachant qu'ils monteront à la surface quand vous serez prêt, capable et disposé à les accueillir. Ne pensez pas, ne doutez pas, laissez simplement la lumière, le symbole, le sentiment ou la vision pénétrer votre esprit et quand le processus est terminé, dites : « Merci, j'accepte maintenant cette révélation entièrement et complètement, j'accepte ce que je vais voir, apprendre et comprendre au bon moment et de la meilleure manière. »

Quand vous êtes prêt, ouvrez les yeux, sachant qu'il faudra un certain temps pour que votre vision retrouve son état habituel.

PRIÈRE POUR LA DANSE DE LA RÉVÉLATION

Vénérée Kuan Yin, j'abandonne toute peur qui déformerait ma perception et m'empêcherait de voir les niveaux élevés de vérité que je suis capable de comprendre. Je vous en prie, aidez-moi par votre danse divine de compassion et de miséricorde afin d'éclairer ce qui est confus, d'évacuer la distorsion et de révéler la vérité avec grâce et simplicité. Dévoilez la vérité par votre danse de la révélation, vénérée Kuan Yin. Merci ! Om Mani Padme Hum.

37. LE TRÔNE DE LOTUS

La sagesse du lotus qui illumine la vénérée Kuan Yin et tous les maîtres spirituels est la même dans votre cœur, ami très cher. Cela demande un grand courage de reconnaître votre propre lumière intérieure et de monter sur le trône de votre indépendance spirituelle, surtout si la lumière de ceux qui vous entourent semble plus puissante que la vôtre. Vous devez faire confiance à votre intuition personnelle avant celle des autres maintenant. Ayez foi en votre cœur. Comprenez que vous êtes divin.

Nous retirons souvent de grands bénéfices à demander l'aide d'autrui. En fait, presque toujours ! Le véritable maître spirituel, l'enseignant, le gourou, le guide ou le thérapeute ont le même rôle, celui de vous connecter à la conscience de votre propre lumière afin de vous amener à réaliser que le pouvoir spirituel, l'autorité et la beauté que vous remarquez et respectez chez eux sont semblables en vous !

Nous avons souvent besoin d'un guide extérieur pour nous aider à nous connecter. Parfois, nous sommes plus proches de notre sagesse divine que nous ne le pensons consciemment et nous prenons l'habitude de croire que les autres savent mieux que nous ce qui est vrai et bon pour nous. Il est parfois plus facile également, sortis de nos habitudes et conditionnements, de voir la lumière divine chez les autres que dans notre propre cœur.

Cet oracle vient vous dire de croire que votre guide intérieur devient plus fort, que vous avez davantage de sagesse spirituelle qu'auparavant et que vous avez grand intérêt à tenir compte de votre intuition à partir de maintenant.

Vous êtes appelé à discerner avec soin le niveau d'influence que les autres peuvent avoir sur vous. Dans votre admirable volonté d'ouverture, de croissance et d'apprentissage, ayez la sagesse de ne pas abandonner votre discernement. Qu'importe la sagesse et l'autorité d'un professeur, il est plus avisé et plus solide de toujours tester ce qu'il cherche à vous dire en demandant l'avis de votre propre cœur. Tous les conseils que vous avez suivis jusqu'ici vous paraissaient-ils justifiés ?

En ce moment même, l'enseignant intérieur et gourou suprême, Kuan Yin la déesse de lumière, s'adresse à votre cœur et vous demande de faire confiance à votre nature divine plus profondément que jamais. Vous êtes appelé à monter sur le Trône de Lotus de votre Âme divine. Croyez en votre courage, ami très cher. Votre voyage vous mène à la maturité spirituelle et vous allez avoir besoin de reconnaître que vous possédez l'autorité spirituelle dans votre cœur. Oui, vous apprenez grâce aux autres, mais respectez toujours votre propre enseignant, car c'est votre guide inconditionnel bienveillant et sans défaut, la partie de vous qui est, a toujours été et sera toujours votre Sagesse Divine.

ASCENSION VERS LE TRÔNE DE LOTUS

Assis ou allongé confortablement, les yeux clos, portez votre attention dans votre chakra du cœur au centre de votre poitrine, et prenez conscience de sa lumière intérieure.

Imaginez que grâce à elle, vous percevez un trône superbe, un lotus magnifique où un être divin est assis dans une posture pleine de grâce, de force et de compassion.

Dites sereinement : « Je demande maintenant la connexion à la sagesse et à l'autorité du Trône de Lotus et à l'être de lumière et d'amour inconditionnel qui réside dans mon chakra du cœur. »

Voyez cet être se connecter à vous par l'amour divin qui émane de ses yeux et de son cœur, ainsi que du champ énergétique du trône qui est lui-même sage et puissant. En vous permettant de recevoir vraiment l'énergie de cet être illuminé de sagesse, vous réalisez que c'est votre Soi Supérieur sur son Trône de Lotus. Sentez la paix et la vérité vous envahir. Laissez les choses se faire. Donnez-vous la permission de ne rien comprendre ni analyser.

Quand vous êtes resté dans cette expérience suffisamment longtemps, dites : « JE SUIS la lumière divine sur le Trône de Lotus, qui me guide et m'aime pour l'éternité, et me ramène dans la lumière de ma véritable nature. Om Mani Padme Hum. »

PRIÈRE AU TRÔNE DE LOTUS

Tu te consumes dans mon cœur et me guides éternellement, divin lotus de lumière, car tu es précisément mon cœur. Je monte sur le Trône de Lotus en toi qui es la puissance, la sagesse, l'amour et la lumière en moi. Tout est bien dans mon Âme, par la grâce de Kuan Yin et par mon propre feu divin. J'ai confiance et je me renforce spirituellement aujourd'hui plus que jamais. Om Mani Padme Hum.

38. LE TAO

Le Tao s'écoule à l'infini, poussant la vie à créer éternellement, présentant des étapes et des solutions et nous rappelant constamment que nous sommes parfaits à tout instant. Vous êtes appelé à vous détendre et à laisser couler la vie.

Ami très cher, vous êtes invité à suivre une classe supérieure de spiritualité. Nous pensons souvent que cela représente davantage d'efforts mais, dans le domaine spirituel, nous gagnons la capacité de cesser de contrôler et de tout diriger depuis notre perspective limitée pour au contraire nous ouvrir à recevoir et nous laisser guider par les forces supérieures qui incluent notre propre essence divine unie à la Source de tout ce qui est.

Cela ne signifie pas que nous devenions une simple feuille balayée par les vents du destin, mais plutôt que nous soyons comme le bambou, forts à l'intérieur et pourtant capables de nous pencher dans l'une ou l'autre direction sans perdre notre pouvoir. En fait, la flexibilité est ce qui fait de nous un magnifique instrument de créativité et de guérison divine.

Il existe des moments où le Tao, le mystère de la Source infinie, nous demande expressément d'être souples et de cesser de lutter à contre-courant pour laisser couler son flot en nous. C'est la différence entre le fait d'essayer de nager jusqu'au rivage sans même savoir si nous allons dans la bonne direction, et celui de permettre à une vague cosmique de nous soulever, de nous transporter et de nous déposer sur la bonne plage rapidement et dans la grâce.

Mais pourquoi serait-ce aussi facile, nous demandons-nous ? Notre défi n'est pas d'essayer de forcer la vie à se dérouler comme nous le voulons, mais de progresser dans la confiance, l'amour et l'estime de soi pour devenir capables de nous abandonner. La manière de procéder est aisée, mais le chemin de l'acceptation est loin d'être aussi facile ! Nous faisons inconsciemment des montagnes d'une taupinière, c'est pourquoi il vous est demandé aujourd'hui de lâcher prise, de vous détendre et de laisser la vie faire son œuvre. La vie, le Tao, est plus puissante que les obstacles apparents. Le Tao s'écoule à travers toutes les situations et présente des solutions naturelles, quel que soit le degré de difficulté des problèmes rencontrés. Il suffit de le laisser faire.

GUÉRIR AVEC LE TAO

Allongez-vous tranquillement dans une pièce légèrement assombrie ou déposez un mouchoir sur vos yeux. Imaginez que vous êtes dans un espace sombre et infini, en sécurité, dans l'amour et l'expansion. Voyez-le s'étendre devant, derrière, sur les côtés, au-dessus et au-dessous de vous, jusqu'à vous sentir au centre d'un espace sans limites. Sentez votre enveloppe devenir floue jusqu'à ne plus délimiter de frontière entre vous et l'espace. Permettez-vous d'être soutenu comme si vous flottiez sur un immense océan. Prenez conscience de vagues ou de pulsations légères, parfois très larges et parfois rapprochées et délicates, qui révèlent que ce lieu possède l'intelligence et la vie.

Imaginez un résultat que vous souhaitez obtenir, débutant par une pensée ou une vision de l'esprit, se diluant dans la lumière, voyageant jusqu'à votre cœur et se diffusant dans le vide immense. Le processus de création est enclenché dès que vous le libérez. Vous n'avez même pas à savoir quoi faire ensuite ni comment. Ressentez la joie de la libération et l'émerveillement de la facilité de créer quand on lâche prise de la peur et du contrôle. Sentez le plaisir de l'anticipation du jeu de l'Univers qui planifie sa meilleure concrétisation. Détendez-vous et suivez votre respiration pour terminer votre pratique avec la prière ci-dessous.

PRIÈRE AU TAO

Guidez-moi. Guérissez-moi. Je vous fais entièrement confiance. Votre sagesse, votre amour et votre joie éclairent mon chemin et la Voie me devient aisée. Om Mani Padme Hum.

39. LE SEUIL

Vous vous tenez sur le Seuil. Devant vous se trouve une façon d'être qui ne connaît pas la peur. C'est un passage sacré à travers un voile karmique pour entrer dans une nouvelle vie d'émancipation, de paix, de service spirituel à l'humanité et de joie pour votre Âme.

Félicitations ! Vous êtes embarqué pour une phase de libération profonde, dans la liberté de l'amour triomphant de la peur. C'est un sacré voyage. De très nombreuses vies et un travail intérieur intense ont été nécessaires pour que vous soyez capable de percevoir la lumière du divin sous la densité de la peur. Vous approchez à grands pas du seuil karmique où vous pourrez passer d'une incarnation de peur à une autre fondée sur l'amour.

C'est un moment important et sacré pendant lequel il est sage de vous entourer de personnes capables de vous soutenir dans cette nouvelle réalité. Dans un avenir proche, vous pourrez nourrir votre vibration même parmi les êtres pétris de peur, et c'est alors que vous serez d'un grand service à la vie, à l'amour et au pouvoir divin sur cette planète.

Pour le moment, permettez à la vénérée Kuan Yin de vous aider à vous connecter à la beauté, à la puissance, à l'amour et à la joie infinie et sans peur de votre Être Supérieur. Ne soyez pas découragé par les anciennes craintes qui remontent à la surface. Vous n'avez pas à en faire toute une histoire, observez-les simplement avec amour et laissez-les partir. Ce n'est que votre Être Intérieur qui libère les vibrations non alignées sur l'amour inconditionnel.

Nous sommes parfois testés en profondeur sur le Seuil. Ce n'est pas un examen qu'il faut craindre, mais une occasion d'appréhender votre développement et de vous rassurer quant à la fermeté de vos fondations spirituelles intérieures avant d'avancer dans le service aux autres en montrant l'exemple de votre manière de vivre et d'être sur cette planète. Il est inutile de vous préparer à assister les autres dans leur passage de la peur à l'amour si vous êtes encore en train d'effectuer la transition vous-même. Stabilisez-vous dans la nouvelle vibration et votre capacité à les aider augmentera naturellement dans la grâce et sans effort.

Encore bravo, ami très cher ! Il y a beaucoup d'amour et de célébrations dans les mondes spirituels à propos de ce changement en vous. Souvenez-vous que la seule défense utile, quelle que soit la peur ou la menace apparente, reste l'amour inconditionnel du cœur qui permet la compassion et le détachement.

Vous êtes en sécurité et vous accélérez votre préparation pour le passage du Seuil. Votre voyage est réellement béni.

GUÉRIR POUR PASSER LE SEUIL

Asseyez-vous dans le calme et concentrez votre respiration dans le cœur. Dites : « J'appelle mes Guides Spirituels Supérieurs qui m'aiment inconditionnellement. J'appelle Kuan Yin qui m'aime inconditionnellement. Soyez présents près de moi, vénérés guides. Merci de m'offrir protection, amour, paix et joie. Namasté. »

Concentrez-vous sur la lumière qui grandit dans votre cœur. Permettez-lui de former une étoile brillante. Voyez sa lumière couler goutte après goutte dans votre nombril et y former une nouvelle étoile. Puis voyez la lumière monter jusqu'à votre tête et en former une autre au-dessus.

Dites : « J'appelle la Grâce, l'Amour, la Sagesse et le Pouvoir Divins que JE SUIS. J'appelle ma propre maîtrise. J'appelle les guides inconditionnellement aimants qui me soutiennent dans mon passage du seuil karmique de la peur à l'amour. Je m'ouvre à votre assistance pour effectuer cette transition spirituelle selon la perfection du synchronisme divin. Je reçois votre aide avec gratitude. »

Concentrez-vous sur les trois étoiles de lumière qui grandissent dans votre être et quand vous êtes prêt, dites : « Je suis amour, je suis puissance divine, qu'il en soit ainsi. »

Revenez à votre respiration et quand vous êtes prêt, ouvrez les yeux. Vous pouvez compléter l'exercice par la prière ci-dessous.

PRIÈRE POUR PASSER LE SEUIL

Que je sois béni par l'amour compatissant et la protection de Kuan Yin pendant que mon Âme se prépare à traverser le seuil de la peur à l'amour dans toutes les dimensions de mon être. Om Mani Padme Hum. Om Mani Padme Hum. Om Mani Padme Hum.

40. L'IMPÉRATRICE YIN

L'Impératrice Yin apporte paix, prospérité et succès à ses chers fidèles. Le but de votre Âme comprend la guérison et l'émancipation du Féminin Divin qui est l'Impératrice Yin elle-même. Vous gagnez le pouvoir, l'aide et de grands bienfaits à suivre votre but de vie. Vous êtes maintenant soutenu et encouragé dans votre œuvre sacrée.

Vous êtes un pionnier et un meneur spirituel, et une partie de ce que vous êtes venu faire sur cette planète au niveau de l'Âme, que vous soyez homme ou femme, consiste à développer le Féminin Divin, l'Impératrice Yin cosmique ou énergie féminine divine, afin que nous puissions vivre en meilleure harmonie en tant qu'espèce sur Terre.

Le Féminin Divin commence à peine à refaire surface sur cette planète et nombreux sont ceux qui ne le comprennent pas. Votre tâche sacrée, pour laquelle vous serez richement soutenu, alimenté et récompensé, consiste à faire vivre Ses vérités dès maintenant.

C'est ainsi que vous sèmerez les graines de conscience et d'expérience dont les autres pourront s'inspirer quand, à leur tour, ils seront prêts à vivre selon ces vérités sacrées.

Cela explique votre sentiment récurrent de ne pas correspondre à la culture dominante. Vous n'êtes pas fait pour cela, puisque vous êtes censé la faire évoluer et changer ! Comme la vénérée Kuan Yin qui connut en son temps une période de rébellion passionnée, ne pouvant s'adapter au monde tel qu'il était puisqu'elle était née pour l'aider à guérir et à élever sa vibration, votre Âme cherche à se différencier pour aider le monde à se libérer de la peur qui mène à la compétition, à la domination et aux luttes de pouvoir au lieu de vivre dans l'amour et la paix.

Les dons de l'Impératrice Yin se vivent à travers votre pouvoir féminin auquel vous avez accès en suivant les vérités de votre cœur, vos valeurs authentiques et votre ardente bienveillance. La féminité n'est ni faible ni agressive, c'est une compassion fervente qui refuse de tomber dans le jugement et qui, lorsque cela arrive, revient à l'amour encore et toujours. Les hommes et les femmes en accord avec leur pouvoir féminin sont capables d'aimer, de ressentir la compassion, d'être fidèles et de respecter ce qui compte vraiment pour eux, que cela s'intègre dans la culture dominante ou non. Ils réalisent qu'ils sont en train de créer une nouvelle culture et des valeurs plus sages. À vivre de cette manière, non seulement ils se sentent mieux car ils sont plus authentiques, mais ils ont une vie plus réussie avec davantage de créativité, de contribution positive, d'indépendance personnelle et de relations satisfaisantes, sans parler du fait qu'ils sont une source d'inspiration pour les autres.

Vous êtes appelé à vivre votre pouvoir féminin à présent, fidèle à ce que vous êtes, sans accorder de crédit au conditionnement social qui veut vous faire croire que ce n'est pas suffisant, que vous devez compromettre vos valeurs, vos croyances et votre compassion pour « avancer » et « grimper au sommet ». Vous n'êtes pas obligé de vivre ainsi, vous avez le droit de choisir la voie de votre cœur et de réaliser que non seulement c'est suffisant mais que c'est une bénédiction pour tous. L'Impératrice Yin vous remercie pour votre dévotion et votre service à Sa cause, et elle vous illumine de ses bienfaits, ami très cher.

GUÉRIR AVEC L'IMPÉRATRICE YIN

Asseyez-vous dans le calme, les yeux clos, et imaginez que vous voyagez dans votre cœur grâce à votre respiration que vous chevauchez comme une vague. En pénétrant dans le cœur, vous prenez conscience de l'espace infini à l'intérieur, sombre, ouvert et paisible, vide et pourtant rassurant. Vous avez la sensation de l'immensité de cet espace vide et paisible, rempli d'amour et de présence, devant et derrière vous, au-dessus et au-dessous, à droite comme à gauche. Ressentez combien il est éternel et serein, comme il n'a nul besoin de lutter ni de se battre pour être toujours présent. Imaginez que tous les questionnements et les difficultés soient libérés dans cette obscurité, s'y consument et disparaissent. Le bonheur qui vous est donné en retour ouvre votre cœur et vous permet d'être soutenu dans cet espace et nourri spirituellement.

Complétez votre guérison par la prière ci-dessous si vous le souhaitez.

PRIÈRE À L'IMPÉRATRICE YIN
Divine Impératrice Yin, Mère de Compassion, Kuan Yin, Om Namaha. La Paix, la Grâce, la Lumière et le Pouvoir Féminin emplissent votre être dans mon cœur. Que je sois un vaisseau de grâce et de guérison du Féminin Divin. Que je vive les vérités de mon Âme sur cette planète, que la peur et la colère soient adoucies par l'amour, que je trouve la véritable nature de mon pouvoir spirituel et que je sois en alignement avec vous, dans la grâce éternelle de l'amour divin. Ma dévotion pour l'Impératrice Yin et pour Son souhait que tous les êtres soient spirituellement libres s'épanouit dans mon cœur. Je reçois votre amour et votre protection. Om Mani Padme Hum.

41. À LA MONTAGNE CÉLESTE

Par moments, nous avons besoin d'énergie divine pour atteindre nos objectifs spirituels. Quand vous ne contrôlez pas vraiment votre destin, le Divin vous offre généralement une opportunité d'obtenir de l'aide et d'invoquer son pouvoir, en faisant appel à la montagne céleste afin de recevoir de meilleurs résultats. La condition pour que des êtres qui vous aiment inconditionnellement viennent à votre secours est d'exprimer votre volonté spirituelle, car elle permet à ces forces de vous assister pour concrétiser votre destin et le but de votre vie.

Vous devez donner au Divin les moyens de vous aider, en faisant appel à la montagne céleste dans votre cœur pour l'autoriser à vous assister dans le développement de votre vie présente. Vous évoluez dans un Univers de libre arbitre et, bien que vous soyez infiniment aimé et respecté, aucun être n'interviendra sans votre permission, à cause justement de cet amour et de ce respect.

N'allez pas croire que le fait de demander de l'aide vous affaiblisse ou vous rende dépendant et incapable de grandir spirituellement. Vous le faites pour progresser vers votre propre maîtrise au niveau de l'Âme, pas pour déléguer votre vie et ne plus jamais prendre aucune responsabilité personnelle ni spirituelle ! Demander assistance vous aide à grandir dans la confiance, la sagesse et la compréhension de la nature de l'Univers et de sa manière d'opérer.

Apprendre à demander et à recevoir l'aide divine nous enseigne l'art du lâcher prise qui permet de s'unir aux forces spirituelles plus grandes que nos personnalités individuelles. Quelque chose de merveilleux se met en place. Vous découvrirez que votre Soi divin est une expression vivante et puissante de la Source de l'Univers. Vous possédez le pouvoir, l'amour et l'énergie de la Source même de la Vie.

Quand nous faisons appel à la montagne céleste, nous nous rappelons cette divinité dans notre cœur. Notre pouvoir est renforcé par cette connaissance et nous pouvons alors aider les autres. Plus vous choisissez de permettre au Divin de vous assister, plus votre relation aux êtres de lumière devient consciente et solide, et plus vous réalisez les similarités entre votre propre nature divine et celle de ces êtres – autrement dit, c'est en fréquentant une bonne compagnie spirituelle que vous découvrez votre véritable nature.

Assurez-vous de réellement donner le pouvoir à ces êtres qui vous aiment inconditionnellement. Quand vous demandez de l'aide, répétez toujours trois fois : « J'appelle ces êtres qui m'aiment inconditionnellement » puis dites : « Merci pour votre assistance et vos conseils avisés qui font grandir ma propre maîtrise spirituelle dans la paix, l'amour et la joie. Par mon propre libre arbitre, qu'il en soit ainsi ! »

GUÉRIR PAR L'APPEL À LA MONTAGNE CÉLESTE

Debout ou confortablement assis, les yeux légèrement fermés, concentrez-vous sur votre respiration. Sentez vos pieds sur le sol et prenez conscience de l'énergie entre eux et la Terre. Imaginez qu'elle grandit en une immense boule de lumière qui s'étend profondément sous le sol et qui traverse votre corps pour ressortir par votre chakra couronne. Voyez cette boule flotter maintenant au-dessus de votre tête et verser sa lumière dans votre corps pour sortir par vos plantes de pieds et former une colonne lumineuse dans laquelle vous vous tenez.

Dites trois fois : « J'appelle ces êtres qui m'aiment inconditionnellement afin qu'ils viennent m'aider à concrétiser mon destin spirituel dans la vibration la plus élevée possible dans cette vie, dans ce corps. J'accepte votre assistance divine pour mon plus grand bien et dans l'amour inconditionnel, par mon propre libre arbitre en tant qu'être de lumière souverain. »

Sentez l'activation de l'énergie en fermant les yeux et devenez plus conscient de l'espace de votre cœur.

Imaginez qu'à l'intérieur, vous percevez une montagne paradisiaque luxuriante, d'un vert sombre, où se repose Kuan Yin, lumineuse et irradiant le bonheur. Elle entend votre appel et vous accueille dans l'amour et la paix, puis commence à vous transmettre de la lumière. Recevez-la dans l'espace de votre cœur, ami très cher, et sachez que l'assistance divine vous est maintenant acquise.

Quand vous êtes prêt, ouvrez les yeux.

PRIÈRE À LA MONTAGNE CÉLESTE

Vénérée Kuan Yin, dans l'ashram de votre montagne céleste, entendez-moi, aidez-moi à lâcher prise de mes difficultés, à recevoir de l'aide pour mes sentiments d'indignité ou de manque de confiance qui m'empêchent d'être guidé et placé en position d'être assisté divinement pour le meilleur. Aidez-moi à me sentir digne d'être aidé et de recevoir l'assistance qui vient à moi dans l'amour inconditionnel. Merci ! Om Mani Padme Hum.

42. MÈRE AU LOTUS TURQUOISE

La Mère au Lotus Turquoise vous offre des soins précieux en ce moment même. Permettez-lui de vous sortir de vos problèmes, ami très cher. Un ancien schéma est en train de mourir, quelque chose de très lourd venant de votre passé. Cela peut sembler une période des plus difficiles pour le laisser partir, alors que cela vous demande encore tellement de temps, d'attention et de concentration. Ne doutez cependant pas, vous avez appris les leçons que cela impliquait et vous êtes maintenant doté d'une opportunité de recevoir la guérison karmique.

Certaines leçons sur notre chemin spirituel tranchent à vif au cœur de notre être, constituant un défi si profond que même si nous avons compris et pratiqué la sagesse, nous continuons à lutter pour nous détacher de leur emprise. Quels que soient nos efforts, nous sentons que nous ne serons jamais capables d'abandonner complètement le problème et quels que soit nos progrès, il reste toujours un fil du passé qui nous retient. Nous avons besoin d'un remède spirituel si nous voulons nous libérer vraiment de l'étreinte de cette douleur persistante !

La nature compatissante et spirituellement puissante de Ma Kuan Yin en tant que Mère au Lotus Turquoise cherche à vous bénir de Ses soins karmiques afin de vous extirper de vos problèmes et de pouvoir les laisser derrière vous. Votre Âme a appris ce qu'elle devait apprendre de la situation et elle a demandé l'assistance divine pour continuer de progresser sur son chemin sans traîner ce fardeau karmique qui la retarde.

Écoutez votre intuition. Voyez si vous avez envie de consulter un thérapeute, d'écouter régulièrement un certain type de musique, de suivre un enseignement ou de méditer à la maison à une heure déterminée, ou peut-être d'augmenter la fréquence de vos soins. Ce sont des tentatives de la Mère Divine pour vous atteindre par des moyens disponibles. Les bienfaits divins de la guérison karmique peuvent affluer depuis les mondes spirituels directement dans votre Âme, mais ils sont souvent plus efficaces quand ils transitent par un canal humain aux vibrations élevées pour aboutir dans votre champ énergétique sur le plan physique.

Soyez aussi ouvert que possible pour permettre à la guérison karmique de la Mère au Lotus Turquoise de vous atteindre. Sa nature Turquoise purifie et protège votre champ énergétique et son cœur Lotus illumine votre propre cœur et lui apporte la paix. La Mère Divine en elle souhaite vous apporter une plus grande liberté spirituelle.

Cet oracle indique également que si vous travaillez avec les cristaux, en particulier la turquoise, continuez car cela fait grandir votre pouvoir et vous aide à guérir, que vous en soyez parfaitement conscient ou non.

GUÉRIR AVEC LA MÈRE AU LOTUS TURQUOISE

Reposez-vous tranquillement et prenez conscience de votre chakra du cœur au centre de votre poitrine. Dites en vous y concentrant : « J'ouvre mon cœur pour recevoir les bienfaits de la libération karmique selon la grâce divine de Kuan Yin, la Mère au Lotus Turquoise. J'accepte tout conseil, transmission énergétique ou autre soutien empreint d'amour inconditionnel pour m'aider à recevoir ces bienfaits maintenant. Par la grâce divine, que cela soit ! »

Percevez une lumière, une présence d'énergie de la Mère au Lotus Turquoise. En vous concentrant sur le centre de votre cœur, voyez la splendide Kuan Yin qui tient un lotus magnifique fait de turquoise. Il survole sa main en tournant sur lui-même, puis commence à tournoyer au-dessus de votre chakra couronne, vous aspergeant d'une douce lumière dorée aux éclats d'énergie de couleur turquoise. Ne réfléchissez pas, laissez seulement les choses se faire. Quand vous êtes resté dans ce processus aussi longtemps que vous en ressentiez le besoin, remerciez en silence et revenez au flux régulier de votre respiration. Quand vous êtes prêt, ouvrez simplement les yeux.

Notez les pensées et impressions qui vous viennent les jours suivants.

PRIÈRE À LA MÈRE AU LOTUS TURQUOISE

Vénérée Kuan Yin, Mère au Lotus Turquoise, j'abandonne aujourd'hui toute fierté inutile ou croyance restrictive qui m'empêcherait de recevoir la grâce divine de la guérison karmique que vous me transmettez. Je demande la bénédiction de mon Âme, afin de pouvoir accepter totalement l'octroi de grâce que je suis habilité à recevoir. Dans l'amour et la gratitude, je vous ouvre mon cœur. Om Mani Padme Hum.

43. VALLÉE DES OMBRES

Le lotus fleurit dans la boue profonde où plongent ses racines qui en tirent une grande richesse nutritionnelle. Sa croissance et sa grande beauté proviennent de cette boue composée de terre et d'eau. Votre Âme se nourrit dans les profondeurs émotionnelles et s'épanouit dans la vie du corps où elle s'est implantée et où elle se déploie comme un lotus de lumière.

Le lotus de votre Âme s'apprête à fleurir. Comme une plante qui déborde de son pot et demande davantage de terre pour étendre ses racines et continuer à pousser, votre lotus a besoin d'un supplément de boue – davantage d'énergie de terre et d'eau – pour grandir et s'illuminer.

Dans les mondes spirituels, tout a un rôle. Absolument tout. Y compris nos émotions les plus sombres et les parties de notre corps que nous ne trouvons pas très nobles.

Toutes constituent vraiment une grande réserve de nourriture pour l'Âme. Elle a tellement envie d'aimer toutes les parties de vous ! Comme un amoureux passionné, elle ne veut rien laisser derrière et devient complètement intime spirituellement avec tous les aspects de chacune de ces parties, que vous les pensiez dignes d'être aimées ou non.

Cela peut constituer un défi car c'est souvent très difficile de reconnaître et de nous engager consciemment dans ces aspects de notre personnalité ou de notre corps qu'il nous reste à accepter et à aimer. C'est cependant ce qu'il vous est demandé de faire maintenant.

Le processus peut débuter par l'inscription à un enseignement ou l'engagement dans une pratique physique qui mette en valeur cette part d'ombre en vous. Si vous vous considérez comme une personne introvertie, il serait bon de commencer à honorer la contrepartie de ce trait de caractère, celle qui a besoin des autres pour s'épanouir. Si vous pensez être une personne calme, vous pouvez explorer la manière de trouver la joie dans le son, la musique et l'énergie, par exemple. Si vous êtes passionné, vous pouvez trouver la partie de vous qui est sereine et satisfaite que les choses soient exactement comme elles sont.

Ce jeu intérieur ne cherche pas à dire que celui ou celle que vous êtes demeure incomplet, il s'agit de reconnaître que vous êtes celui que vous ne croyez pas être – et de trouver un moyen de vivre cela en conscience et dans l'amour. Il s'agit de fouiller dans ces parties de vous qui, depuis toujours cachées dans la vallée des ombres, sont aujourd'hui prêtes à se révéler et à faire partie de cet être magnifique et complet que vous êtes en vérité.

Cet oracle vous demande en particulier de chercher de quelle manière vous pouvez nourrir votre vie émotionnelle et physique plus intensément – peut-être à travers les arts, la créativité, l'écriture de vos rêves, la création de collages, la découverte de la danse ou d'autres formes de mouvement.

GUÉRIR EN TRAVERSANT LA VALLÉE DES OMBRES

Asseyez-vous avec votre journal et écrivez cinq choses que vous admirez chez quelqu'un mais que vous ne croyez pas posséder, puis faites de même avec cinq choses que vous n'aimez pas chez un autre mais ne reconnaissez pas avoir en vous.

Dites : « Par la grâce de Kuan Yin et dans le but d'être nourri d'une plus grande lumière d'Âme, montrez-moi comment je peux affirmer ces parties cachées de ma personnalité et les vivre en conscience et avec amour. »

Prenez le temps d'imaginer comment ces belles parties lumineuses que vous ne voyez pas en vous peuvent recevoir l'opportunité de commencer à croître. Par exemple, les capacités que vous admirez chez quelqu'un d'autre peuvent vous déterminer à prendre des cours pour voir où se cachent vos talents.

Prenez un moment aussi pour imaginer comment les parties sombres que vous remarquez et détestez chez les autres peuvent se découvrir et se pardonner chez vous, puis peut-être se transformer en expressions plus conscientes. Par exemple, la rage peut devenir une saine colère quand elle est contenue entre des limites fermes et bienveillantes.

Reconnaissez le courage qu'il vous faut pour entreprendre ce travail et prenez le temps de remercier pour vos efforts et pour la grâce divine qui vous assiste sur le chemin d'une plus forte incarnation en vous-même.

PRIÈRE POUR APPELER L'ASSISTANCE DANS LA VALLÉE DES OMBRES

Je prie Kuan Yin, la vénérée Mère spirituelle, de m'aider à traverser sans crainte la Vallée des Ombres, en réalisant que je ne fais que grandir dans la conscience de moi-même. Tout ce qui a poussé dans la laideur par manque d'amour brillera alors comme un joyau poli par ma nouvelle attention, ma volonté d'aimer et d'accepter toutes les parties de moi et de ma créativité divinement inspirée, car j'intègre maintenant ces aspects de moi dans ma vie avec davantage de conscience. Om Mani Padme Hum. Que toutes les parties de moi soient bénies. Om Mani Padme Hum.

44. TISSER D'OR L'AVENIR

Quelque chose de bon vient à vous ! Kuan Yin vous presse de tisser votre avenir dans le moment présent, d'appeler et de provoquer les opportunités, les enseignements, les circonstances et les synchronismes qui vous attendent et qui vont permettre à votre Âme de vivre son destin divin dans une plus grande abondance, dans la réussite créative et le bonheur.

Savez-vous combien le Divin souhaite vous soutenir et vous assister pour que vous viviez la vérité de votre cœur dans cette vie ? Avec grâce et compassion, Kuan Yin veut vous aider à accéder au niveau suivant de votre chemin de vie, afin que votre Âme rayonne plus largement sur la planète et pour vous permettre ainsi qu'à d'autres êtres d'ouvrir vos cœurs sans crainte ! Choisissez de vivre dans la profusion d'une énergie dorée de paix, de prospérité, de joie et de créativité. Un tel avenir tissé d'or se confectionne en ce moment même comme une tapisserie, grâce aux choix et aux actions que vous faites à chaque instant ; c'est vous qui préparez le canevas divin de votre bonheur futur. Bien joué !

Kuan Yin sait que des opportunités et de l'aide vous attendent dans votre incarnation future. Elle veut vous aider à attirer vos dons à venir dans le présent pour qu'ils vous soient utiles dès maintenant. Cet oracle indique que quelque chose de spécial est en préparation pour vous et que, si vous le désirez, vous pouvez guérir et élever votre vibration pour devenir capable de le recevoir plus facilement.

Si vous gardez un souhait secret dans votre cœur, par exemple publier un livre, devenir thérapeute, enseigner, écrire ou chanter, ou encore attirer une de vos Âmes sœurs ou vous éveiller spirituellement à un niveau plus profond, prenez le temps de ressentir à quoi ressemblerait votre vie si ce souhait se réalisait enfin. Imaginez-vous la joie qui en découlerait ? Pouvez-vous permettre à cette joie d'être un phénomène si normal et banal qu'elle ferait déjà partie de votre vie ? C'est ainsi que vous allez tisser la manifestation de votre souhait. Osez rêver grand et imaginez ce que vous ressentiriez si vos rêves se réalisaient. Pouvez-vous commencer à cultiver ces sentiments sans savoir s'ils se concrétiseront un jour ou pas ?

Méditer avec la joie au cœur, que cela concerne une chose précise ou pas, est un aimant pour les bienfaits que l'Univers veut vous offrir. Cela revient à allumer votre lumière intérieure sur un voltage supérieur afin que les occasions idéales pour vous trouvent le moyen de vous atteindre plus rapidement. Et si votre plus grand bien arrive sous une forme inattendue mais également merveilleuse, acceptez-le ! Un avenir tissé d'or se prépare à illuminer votre vie de la meilleure façon qui soit et, comme c'est souvent le cas, si ce n'est pas exactement ce que vous aviez imaginé, ce sera certainement plus parfait encore.

GUÉRIR ET TISSER D'OR VOTRE AVENIR

Imaginez-vous assis dans une douce lumière dorée. Kuan Yin est à vos côtés sous la forme d'une belle déesse aux yeux remplis d'amour et d'encouragement. Elle avance lentement et vous suivez ses gestes du regard. Devant vous s'étend un sentier doré et un soleil éclatant brille au bout de ce chemin.

Ensemble, vous envoyez de l'amour au soleil, qui se rapproche. Vous sentez une expansion de votre cœur et l'amour emplit votre être. Permettez à l'amour que vous offrez de rapprocher toujours plus le soleil. Peut-être vous sentez-vous prêt à vous dissoudre dans sa chaleur bienveillante ? C'est une expérience paisible et dynamisante. Visualisez ou sentez la lumière du soleil vous inonder et baigner tous les êtres, leur apportant la paix et le bonheur. Imaginez que ce soit le sentiment le plus fort que vous ayez jamais ressenti. Sentez que l'astre d'amour brille réellement dans votre cœur, puis ouvrez les yeux.

PRIÈRE POUR TISSER D'OR L'AVENIR

Vénérée Kuan Yin, merci d'être mon témoin spirituel – au-delà du temps et de l'espace ne sont qu'amour, vérité, joie et bonheur –, et je choisis maintenant de plonger au sein de mon essence divine pour attirer dans le présent les bienfaits qui me sont acquis spirituellement. Je demande la grâce, la sagesse et les capacités nécessaires pour que ces dons futurs soient intégrés avec leur meilleure expression dans ma vie présente. Que mon avenir soit dès maintenant tissé d'or. Merci ! Om Mani Padme Hum.

À PROPOS DE L'ARTISTE

Zeng Hao est un jeune peintre talentueux passionné par la culture chinoise antique. Il utilise de nombreuses techniques occidentales de peinture à l'huile pour créer des œuvres de grandes dimensions. Né dans la ville de Zigong, dans la province du Sichuan, il s'est d'abord intéressé à la peinture sous l'influence de son père lui-même artiste, avant de s'inscrire à l'école des Beaux-Arts. Lors de sa première visite à Dunhuang, une ville historique autrefois importante dont le nom signifie « brillante et magnifique », afin d'observer et d'étudier l'art qui s'y rapporte, il fut fasciné et inspiré par la splendeur des grottes de Mogao. Dunhuang est située le long de la Route de la Soie qui reliait autrefois l'Orient et l'Occident et, grâce à son admiration pour l'art de cette région, Zeng Hao mêle les idéaux classiques de la beauté de l'Est et de l'Ouest dans ses représentations de déesses. Il parle d'un paradis tranquille, paisible et romantique au fond de son cœur et ressent la Déesse de Dunhuang comme une vraie divinité existant en lui et incarnant la pure vérité, la beauté et la bienveillance. Il est membre de l'Association du Centre des arts créatifs de Dunhuang et son œuvre reçoit de nombreux éloges en Chine et dans le monde. Pour voir davantage de ses tableaux, visitez son site Web sur : **www.zhdhart.com**.

À PROPOS DE L'AUTEUR

« Je me demande souvent comment décrire mon travail. J'ai envie de me dire chuchoteuse d'Âme, prêtresse chamane, alchimiste spirituelle ou canal des voix divines. Plus simplement, je suis thérapeute et enseignante spirituelle. Je connecte les gens à leur Âme divine pour qu'ils puissent suivre le chemin de leur plus haute destinée spirituelle, quelle qu'elle soit.

J'ai toujours été en relation consciente avec l'Esprit. J'ai ressenti l'appel à l'âge de neuf ans et je transmettais des conseils à mes camarades de classe dans mon centre de guérison de la cour de récréation (sous l'arbre près du portail du fond). J'ai le souvenir précis de savoir déjà à ce moment-là que j'avais un rôle de guide, mais que je manquais d'expérience de la vie. À neuf ans !

Une dizaine d'années plus tard, j'ai commencé à soigner de manière professionnelle. Presque vingt ans après, le travail a évolué et j'offre des soins subtils et puissants par le son, la transmission d'énergie et la grâce divine. Pour en savoir plus, visitez mon site Web sur : **www.alanafairchild.com** »

DANS LA MÊME COLLECTION :

Oracle d'Isis, Alana Fairchild, Éditions Véga.

Oracle de Gaïa, Toni carmine Salerno, Éditions Véga.

Oracle du messager, Ravynne Phelan, Éditions Véga.

Rêver de votre animal totem, Scott Alexander King, Éditions Véga.

Oracle des anges, déesses et dieux, Toni Carmine Salerno, Éditions Contre-dires.

Oracle du chemin pavé d'or, Toni Carmine Salerno, Éditions Contre-dires.

Oracle des cristaux : Conseils depuis le coeur de la Terre, Toni Carmine Salerno, Éditions Contre-dires.

Oracle de l'archange Michaël : L'ange bleu, Toni Carmine Salerno, Éditions Contre-dires.

Demandez à votre ange : Cartes Oracle, Dictionnaire angélique, guide d'accompagnement, Carisa Mellado, Éditions Contre-dires.

Oracle des Métamorphes, Lucy Cavendish, Éditions Exergue.

Oracle des Fées, Lucy Cavendish, Éditions Exergue.

Oracle des êtres d'Ombre et de Lumière, Lucy Cavendish, Éditions Exergue.

L'Oracle des Dragons Protecteurs, Lucy Cavendish, Éditions Exergue.